続 クラシック音楽の感動を求めて

——私を励まし生きる力を与えてくれた音楽

常盤 隆
Tokiwa Takashi

アーツアンドクラフツ

はじめに

二〇二三年二月に前著『クラシック音楽の感動を求めて――つまみ食い的鑑賞法のすすめ』（アーツアンドクラフツ刊、以下、〝前著〟と称す）を出版してから、早くも一年半の月日が経過した。この本は、音楽業界にほとんど縁のない、ただの音楽好きの素人が、CDを聴いて感じたことを、感じたまま・思うがままに書いた本だった。したがって、はたしてどれだけの人に受け入れられるのか全く予想が付かず、非常に心許ない出発だった。実際、刊行前に出版社が行なったマーケティングでは、書店からの反応が芳しくなく、発行部数を予定より少なくしたほどだった。

ところが、出版してから三〜四ヵ月後に音楽専門誌三誌（「ショパン」五月号、「モーストリー・クラシック」六月号、「音楽現代」六月号）に採り上げていただいたことは、著者としてまさに望外の喜びだった。特に「音楽現代」の書評は、拙著の特徴をよく捉えた、とても好意的なものに感じられた。また私の中高・大学の同級生や友人たちなどの好意的な口コミのお陰もあって、出版後早六ヵ月強で最初に印刷した部数が捌けてしまい、増刷するまでになった。

前著を出した時、私は「もう続編を出すことはないだろう」と考えていた。というのも、この前著で「自分の持てる力をすべて注ぎ込み、書きたいこと、言いたいことをすべて書いた」との自負があり、「新たに書く内容は、当面見つからないだろう」と考えていたからである。しかしながら、その後、がんの発症という、私の人生の大きな転換点となる事象（後述）が発生し、音楽の聴き方も多少変わってきたこともあり、続編を出版することにしたのである。

今般、続編を出すにあたり、私は前著と同様「感動」の体験こそが、クラシック音楽を楽しむためのキーワードであると考えた。クラシック音楽を聴く時、事前の勉強はほとんど必要なく、また全曲を一生懸命聴く必要もないのである。曲のほんの一部でもよいので、自分が「感動的だ！」「美しい！」「素晴らしい！」と感じる箇所を見つけることが大切なのだ。このような「つまみ食い」的な聴き方を続けながら、「感動的」な体験を積み重ねていくと、「この曲を別の演奏家で聴いてみよう」、「同じ作曲家の他の曲を聴いてみよう」と興味の範囲がどんどん広がっていくのである。このようにして、クラシック音楽はより身近な存在となり、やがては自分の人生になくてはならない貴重な存在となっていくのである。

したがって、この続編でも、読者の皆さんが感動体験を得られる切っ掛けとなるようなCDやDVDを、私自身が「感動的だ！」「美しい！」「素晴らしい！」と感じたものの中から選んでいったのである。その選定の基準は、あくまでも「私自身の耳と感性」であり、評論家の批評は見ないようにした。その結果、前著と同様、いわゆる「定盤」「推薦盤」と呼ばれるCDやDVDはあまり入っていないと思う。

前著の七〜八頁で書いたように、私は「演奏家は、最終的には発せられた音によって評価されるべきだ」と考えている（演奏される方々に対して、とても酷な言い方で、大変失礼だと思うのだが……）。いくら華々しい学歴、コンクール歴、コンサート歴を誇っている人でも、実演やCDで聴こえてくる演奏が、「演奏家の意図が伝わってこない」、「心に響いてこない」、「ハッと息をのむ瞬間がない」、といったような演奏であれば、「聴いても面白くない演奏家」「お金と時間をかけてまで聴きに行く必要のない演奏家」となってしまう可能性が高いのである。一方、一般的には無名な演奏家であっても、息を呑むような素晴らしい演奏を行なっていることが多々あるのだ。要は、演奏の良し悪しは、演奏家に対する先入観を排し、出てくる音を、そして演奏家が伝えようとするメッセージを虚心坦懐に聴いて判断すべきだ、と考えるのである。

それから、ここで皆さんにお伝えしなければならないことがある。それは私のがんの発病とその闘病生活についてである。前著の出版直後に胃がん（そして肺や肝臓への転移）が見つかり、その後長い闘病生活に入ったのである。闘病生活は山あり谷ありのジェットコースターのような状態で、その都度喜んだり地獄の底に落ちるような気分を味わったりした。この闘病生活については、「第六章　闘病生活中に聴いて、私を励まし、生きる力を与えてくれた音楽」に記載したので、ご参照いただきたい。

闘病生活により気持ちの落ち込む日々が続くなか、常に私に感動を与え、私を励まし、私に生きる希望と力を与えてくれたのが、クラシック音楽だった。入院中のベッドで、長時間の点滴治療の間に、あるいは倦怠感に襲われた自宅のソファーで、私はなるべくクラシック音楽を聴くようにしたのである。

また、元気なうちに続編を世に出すことが、私の重要な「生きる目標」となったのである。「何としてでも続編を出すのだ。それまでは死ぬに死ねない！」という強い思いが、どんなに私を鼓舞してくれたことだろう。

したがって、もし私ががんを克服して長生きができるようになったとしたら、その理由は、もちろんの医師たちによる適切な治療が第一に挙げられるのだが、その次に挙げるとすれば、「クラシック音楽による感動体験の継続のお陰」であるに違いない、と私は強く確信しているのである。

また、このような闘病生活中にもかかわらず、私は何と合唱を再開したのである。家内が伴奏をしている二〇名前後の小さな合唱団で、平均年齢は八十歳前後。自宅から歩いて一五分ぐらいの所に練習会場があるので、「合唱は健康に良いし、気分転換にもなるし、私でも何とかできるだろう」と軽い気持ちで始めたのだ。しかしながら、病身の身で、合唱は約二〇年ぶり、大きな声は出ないし、高い声も出ないし、音程も定まらないし、のないない尽くしで、皆さんについていくのがやっとの状態。でも、皆さんの元気溢れるパワー（なかには九十歳で四つの合唱団に属し、朗々とした声で歌っている元気一杯の人もいる）に引っ張られ、また徐々に練習にも慣れてきて、今では週一回の練習が楽しみになっている。ここでも、私を励ましてくれたのが音楽の力だったのだ。

さらに私に生きる希望と力を与えてくれたのが、二匹の愛猫キララと寅次郎（この続編の出版時七歳となる雄猫）である。彼らの表情豊かで愛くるしい仕草に、私はどれだけ癒され慰められたことだろう。「彼らが二十歳（私が八十歳）になるまでは私は絶対生きよう！」と強く自分を鼓舞している次第である。そこで、この続編では、「第三章　あらためて「こだわりの曲」の理想の演奏を求めて」の中の「猫を思い浮かべながら聴く曲」としてショパンの「猫のワルツ」について書き、彼らの写真を載せたので、ご覧いただけると大変嬉しく思う。

ちなみに、猫の腎臓病治療薬（ＡＩＭ）が二〇二七年中にも承認されれば、猫は三十歳まで生きることが可能となる、と聞いている。その場合、私は九十歳まで生きなければならないことになるのだ。

いずれにしても、私がここに挙げたＣＤやＤＶＤを切っ掛けに、皆さんがご自身の耳と感性にしたがって、自分なりの「名盤」の数々を作り上げていただけるとしたら、著者としてこれ以上の喜びはないと考える次第である。

目次

装丁◉林 二朗

第一章

あらためて「素晴らしきウィーンの響き」

極上のウィーンの響きを楽しめる世界的コンサート
――ウィーン・フィルのニューイヤーコンサート

つまみ食いCD
ボスコフスキー指揮／ウィーン・フィルハーモニー管弦楽団
ウィーン・リング・アンサンブル
番外編：小澤征爾指揮／ウィーン・フィルハーモニー管弦楽団

ウィーン・フィルハーモニー管弦楽団のニューイヤーコンサートは、毎年一月一日、ウィーンの楽友協会大ホールで行なわれる演奏会で、ヨハン・シュトラウス二世の曲をメインとするシュトラウス一家の曲などが演奏される。このコンサートは、一九三九年にクレメンス・クラウスの指揮により開始され、その後、一九五五年から一九七九年までは、ウィーン・フィルの名物コンサートマスターだったウィリー・ボスコフスキーがヴァイオリンを弾きながら指揮をした。その後は、マゼール、カラヤン、アバド、カルロス・クライバー、メータ、ムーティ、ヤンソンス、バレンボイムといった大物指揮者たちがタクトを振ってきた。小澤征爾は二〇〇二年に登場している。

私は二〇年近く、ニューイヤーコンサートをテレビで視聴してきたが、「楽しい!」「面白い!」「素晴らしい!」と思ったのは、小澤征爾、プレートル、ドゥダメルの三人だけだった。他の大物指揮者たちの演奏は、聴いていて「素晴らしい」と感じることはほとんどなく、特にバレンボイムに至っては、「なぜこんな重々しいテンポで振るのだろう?」と疑問に思い、途中で視聴を止めてしまったのである。

毎年大物指揮者を呼ばざるを得ないのは、世界中が注目する一大イベントであり、CDやDVDの売り上げが膨大な金額となるからだろう。しかしながら、本物のウィンナ・ワルツを聴くのであれば、ウィンナ・ワルツを知り尽くしている(体に中に染みついている)ウィーン・フィルだけで演奏すればよいのである。したがって、ボスコフスキーが指揮した時期が、最もウィンナ・ワルツらしい演奏を聴くことができた時期だった、ということになる。

(一)ボスコフスキー指揮/ウィーン・フィルハーモニー管弦楽団

ボスコフスキーが指揮するニューイヤーコンサートのCDを聴くと、音楽はほどよいテンポでスムーズに流れ、何の抵抗もなく心の中に入ってくる。そして、その中に優雅さや気品や洒落っ気と言ったウィンナ・ワルツの神髄が漂っているのだ。一方でテンポや強弱のメリハリもかなり付けており、ただの情緒的な演奏に流れることがないところがボスコフスキーの凄いところだと思った。これが、ウィーン・フィルの中で長年培われてきたウィンナ・ワルツの理想の姿なのだろう。ウィーン・フィルの名物団長だったヴィルヘルム・ヒューブナーは、ニューイヤーコンサートの理想の指揮者はボスコフスキーだけであり、他の指揮者の演奏は全く聴く必要はない、とかたく信じていたようである。これは、クライバーの指揮を褒めた中野雄氏が「ボスコフスキーの実演も聴いたことがある」とつけ足し的に答えたところ、ヒューブナー氏は間髪を入れず、「『じゃ、それでいい。もうニューイヤーには来るな』と、吐き捨てるように言い放った」とのエピソードに現れている（中野雄『ウィーン・フィル　音と響きの秘密』二〇〇二年、文春新書、一〇六―一〇七頁）。

ボスコフスキーのCDでは、特に「ウィーンの森の物語」が素晴らしいと思った。冒頭のチターの演奏は、テンポの崩し方や歌いまわしが絶妙で、ため息が出るほど美しいし、またオーケストラの演奏全体が、前述の優雅さ、気品、洒落っ気、メリハリの利いたテンポや強弱など、ボスコフスキーの素晴らしさがすべて入っている演奏だと思うからだ。

㈡ウィーン・リング・アンサンブル

ウィーン・リング・アンサンブルは、ウィーン・フィルハーモニー管弦楽団の中の優れたメンバーから構成される合計九人のアンサンブルである。構成は、ヴァイオリンとクラリネット各二名、ヴィオラ、チェロ、コントラバス、フルート、ホルン各一名である。まさに、ウィーン・フィルのエッセンスを聴くことができる、本当に素晴らしい団体である。私は、二〇二四年の一月にサントリー・ホールで行なわれた演奏会に行ったのだが、その優雅で心地よい演奏を聴いて、まさに至福の時を過ごすことができたのである。

シュトラウスの曲の有名どころを集めたCDは、どれもウィンナ・ワルツの神髄を味わえる素晴らしいものだが、その中からあえて二つ挙げるとすれば、私の大好きな曲である「ウィーン気質」と「ウィーンの森の物語」となるだろう。まさにウィンナ・ワルツ独特のテンポ、優雅な歌い回し、強弱やメリハリの付け方など、ウィーン・フィルのトップ奏者たちだからこそ可能な、実に素晴らしいものなのだ。

㈢番外編：小澤征爾指揮／ウィーン・フィルハーモニー管弦楽団

ボスコフスキーのウィンナ・ワルツが最も素晴らしい、と書いた一方で、ここで小澤さんのC

DやDVDなどを挙げるのは、我ながら矛盾した行為であると認識している。しかしながら、「伝統のウィンナ・ワルツに挑戦した勇気ある指揮」として、どうしても採り上げたくなり、ここで「番外編」として入れることにしたのだ。というのも、小澤さんの演奏が刺激的で面白かったからである。

実は以前に、私は小澤さんのニューイヤーコンサートのCDを、一度聴いただけでお蔵入りにしてしまったのだ。この演奏の日本での評価は賛否両論に分かれ、むしろ批判のほうが多かったように思う。「小澤の棒は振り過ぎで、ウィーン・フィルの団員から拒絶反応が出た」と言った情報もあって、私は簡単にそれを信じてしまったのだ。しかしながら、小澤氏逝去後の追悼番組で、このニューイヤーコンサートがNHKで放映されたのを視聴し、私は自分の考えを大いに改めることになったのである。

何と生き生きとして面白くて楽しい演奏なのだろう！　ここで聴かれるウィンナ・ワルツは、ウィーンの伝統に囚われることなく、小澤さんが楽譜から読み取った彼自身のウィンナ・ワルツであり、それをウィーン・フィルの団員たちに見事に演奏させているのだ。実際、コンサートマスターのキュッヒルは、「マエストロと長時間スコアを見ながら打ち合わせをしたり、細かなところまで譜面を丁寧に読み込んだりしました。……マエストロの勉強熱心さには大いに脱帽し、現在でもＤＶＤを再生し、当時を懐かしく思い出しています」と語っている（「モーストリー・クラシック」二〇二四年五月号、四八頁）。小澤さんは、ウィーンの伝統に真っ向から挑戦したのであり、小澤氏とウィーン・フィルとのせめぎ合いの結果として生まれた演奏である。しかも、ウィーン・フィルの団員たちが小澤さんの指示を受け入れ、最後はとても楽しんで演奏しているところが凄い。「小澤の棒は振り過ぎ」という批判は確かに団員の中にあったと思われるが、映像を見るかぎり、大勢の団員たちはとても楽しんで、笑顔で演奏しているのだ。それが聴衆にも伝わり、拍手喝采を受けることになったのだと思う。

このコンサートで私が特に感心したのは、「こうもり序曲」「ウィーン気質」そして「ラデツキー行進曲」の三曲だ。「こうもり」と「ラデツキー」の二曲は実に潑剌とした刺激的な演奏で、カルロス・クライバーを彷彿とさせるような見事な演奏だと思った。

一方、「ウィーン気質」は、このコンサートの白眉ではないかと思う。最初のほうで少人数の弦が有名な旋律を奏でる箇所（48秒辺りから）は、かなり遅いテンポの弱音で演奏されている。何という美しさだろう、と思わずため息が出てしまった。この箇所でのボスコフスキーは、テンポも音量もあまり落とさずに演奏していたが、小澤さんの演奏のほうがはるかに美しいと思った。

弱音での美しい響きは、小澤さんのＣＤ（ラヴェルやブラームスなど「第四章　私がお薦めする小澤征爾さんのCD」参照）でも指摘したことなのだが、静寂の中に美を見出す日本人の感性が生み出したものであり、それがウィーンの伝統と見事に融合して素晴らしい演奏となっているのだ。その後、同じ旋律を弦全体で演奏する箇所（1分50秒辺りなどから）も、かなりゆっくりしたテンポで、音量も落として開始され、その後徐々にテンポを速め、音量を上げていく独特の解釈が素晴らしいと思った。その後の展開はテンポをかなり動かし、メリハリを付けながら演奏しているが、そこに違和感は全く感じられないのである。終演後の拍手を受ける団員たち、特にコンサートマスターのキュッヒルの満足そうな笑顔を見て、私は「ああ、小澤さんのウィンナ・ワルツが、ウィーン・フィルハーモニー管弦楽団に受け入れられたのだ」と確信したのである。まさに壮大な「実験」が成功した瞬間である。

また、この演奏会で面白いと思ったのは、「美しき青きドナウ」の前に行なわれた「新年の挨拶」である。ここでは、団員が一人ずつ各国語で新年の挨拶を述べたのだが、コンサートマスターのキュッヒルが流暢な日本語で「新年、おめでとうございます」と挨拶した時は、思わず拍手をしてしまった。このような試みは、小澤さんがおそらく初めてではないかと思う。そして団員たちの嬉しそうな笑顔！　この試みは、毎年行なってもよいのでは、と思った。

これまで書いた私の感想は、NHKで放映された番組の視聴から得たものが多い。したがって皆さんにもDVDやBlue-rayでの視聴を是非お薦めしたい。

「ニューイヤー・コンサート2002」小澤征爾指揮／ウィーン・フィルハーモニー管弦楽団（BD　2012年　キングレコード　KIXM70）

「シュトラウス　ワルツ集」ボスコフスキー指揮／ウィーン・フィルハーモニー管弦楽団（1958年～74年　DECCA　458 656-2

「ニューイヤー・コンサート2002」小澤征爾指揮／ウィーン・フィルハーモニー管弦楽団（DVD　2017年　Arthaus Musik　109315）

ウィンナ・ワルツ名曲集「ウィーンの森の物語」ウィーン・リング・アンサンブル（1990　PLATZ　PLCC-736）

「2002ニューイヤーコンサート」小澤征爾指揮／ウィーン・フィルハーモニー管弦楽団（CD　2002年　PHILIPS　468 992-2）

慎ましやかで美しいウィーンの弦の響き
――チョン・ミュンフンのドヴォルザーク　弦楽セレナード

つまみ食いCD

チョン・ミュンフン指揮／ウィーン・フィルハーモニー管弦楽団

ドヴォルザークの弦楽セレナードは、ボヘミアの美しい旋律の宝庫のような曲で、私の大好きな曲である。普段は、第二章「敬愛する演奏家たち」の「プラハ室内管弦楽団」のところで書いたように、私はプラハ室内管弦楽団の演奏を最も高く評価しているのだが、あらためてチョン・ミュンフン指揮／ウィーン・フィル管弦楽団の演奏を聴いて、その美しさに愕然としたのだった。

この演奏は、ウィーン・フィルの弦の艶やかで美しい響きを心ゆくまで堪能できる、本当に素晴らしい演奏だと思う。チョンは、第三楽章と第五楽章を除いて、全体としてとても慎ましく演奏しており、大音量を出すことはほとんどない。それだからこそ、ウィーン・フィルの弦の美しさが浮き彫りになってくるのだと思う。

慎ましやかに演奏しながら、そこに美しさを見出していくのは、小澤征爾さんと同様、やはりアジア人特有の美的感覚なのだと思う（「第四章　私がお薦めする小澤征爾さんのCD」参照）。欧米の指揮者なら、もっと表情を付けて、濃厚に演奏するはずだが、チョンはそんなことはほとんどしていない。

どの楽章も本当に美しくて素晴らしいのだが、特に第三楽章の途中で、ヴァイオリンが感激のあまりほんの少しうわずって弾くところがあり（2分15秒辺りから）、私にとってはまさに胸キュンの瞬間なのだ。また、第四楽章は、静かで地味な曲想のため、とてもしみじみと感情を込めて歌わせており、弦の美しい響きを心ゆくまで堪能することができる。

ウィーン・フィルハーモニー管弦楽団による数多くの録音の中で、最も日本人の感覚にフィットする、本当に素晴らしい演奏だと思う。

ドヴォルザーク「弦楽セレナード」他　チョン・ミュンフン指揮／ウィーン・フィルハーモニー管弦楽団（2001年　ドイツ・グラモフォン　UCCG-1098）

美しい音と巧さでウィーン情緒を歌い上げたヴァイオリニスト――ワルター・ヴェラー

つまみ食いCD
モーツァルト「弦楽五重奏曲 K.515」、「ディヴェルティメント K.136」
シューベルト「四重奏断章 D703」、「弦楽五重奏曲 D956」

ワルター・ヴェラーは、前著第二章のモーツァルトのクラリネット五重奏曲のところで、その上手さと美しい音を絶賛したヴァイオリニストである。彼は二十代半ばでウィーン・フィルのコンサートマスターになった名手中の名手で、将来を大いに嘱望されていたのだが、突然指揮者に転向してしまったため、周囲を大いに失望させてしまうこととなった。この経緯については前著の四二頁に記載したので、ご参照いただきたい。

ヴェラーは、自らの名前を冠した弦楽四重奏団を一九五九年に結成し、意欲的に演奏活動を行なっていたのだが、この四重奏団の活動も、彼の指揮者転向によって短いものとなり、録音数も限られたものになったのは、非常に残念でならない。

ヴェラーのヴァイオリンの特徴を一言で言えば、「この上なく美しい音と巧みな技術によって、ウィーン情緒豊かに、甘くたっぷりと歌う人」ということになるだろう。彼がヴァイオリンを弾いた途端、「あっ、ヴェラーが弾いている！」とすぐ分かる、圧倒的な存在感を放っていた人なのだ。

ここでは、ヴェラーが参加した室内楽やヴェラー弦楽四重奏団の録音の中から、私が特に素晴らしいと感じたCDを採り上げて、ご紹介したい。

㈠ウィーン室内合奏団／モーツァルト曲集（弦楽五重奏曲 K.515とディヴェルティメント K.136が入っている）

このCDは、ウィーン・フィルハーモニー管弦楽団のトップ奏者たちによる日本での録音。リハーサルなしのぶっつけ本番であるにもかかわらず、完璧なアンサンブルで、ウィーン情緒豊かに理想のモーツァルト演奏を行なっている、まさに隠れた名盤である。ウィーン・フィルハーモニー管弦楽団のトップ奏者たちの力量の凄さを実感できる、本当に素晴らしい演奏なのだ。

またこのCDは、一九六九年の録音にもかかわらず、音がとても自然で鮮明であり、私の装置では、四人の奏者がまさに目の前で演奏しているように聴こえる。次に挙げるシューベルトの弦楽五重奏曲などのDECCA盤よりも優れた録音だと思う。

　このCDではアイネ・クライネ・ナハトムジークも素晴らしい演奏なのだが、エンジンがかかってきた弦楽五重奏曲K.515と、ディヴェルティメントK.136がことのほか素晴らしいと思ったので、その二曲についてコメントしたい。

・弦楽五重奏三番K.515

　ウィーン情緒溢れる、とても流麗な演奏。その中で特に第一楽章と第四楽章が素晴らしいと思った。溌剌としたヴェラーのヴァイオリンの音の美しさと巧さが際立っているからだ。ヴェラーのヴァイオリンは音が美しいだけでなく、メロディーを歌う時に、ほんの少しうわずって聴こえることが多い。それがことのほか美しくて、私は胸がキュンとしてしまうのだ。さらに速いパッセージをいとも軽々と弾いているのにも驚く。そして、第四楽章の丁々発止の演奏が、リハーサルなしでの録音とはとても信じられない。四人の息がピッタリ合い、しかも完成度が極めて高いのだ。当時のウィーン・フィルのトップ奏者たちの力量やおそるべし、である。

・ディヴェルティメントK.136

　この演奏でも、四人の息がピッタリ合い、その中でヴェラーのヴァイオリンが、ウィーン情緒豊かにとても美しく鳴り響くのである。第一楽章の速いパッセージも彼はいとも軽々と弾いており、テクニック面でも本当に素晴らしい人だったのだ、と感心するばかりだ。

第二楽章もウィーン情緒満点の演奏。ヴェラーが美しい音でしみじみと歌っており、こんなにも美しい第二楽章は聴いたことがない。

第三楽章も、ヴェラーは速いパッセージをいとも軽々と弾いており、それに他の三人がピッタリ合わせていて、聴いていてとても楽しくなってくる。

㈡シューベルト（四重奏断章 D703と弦楽五重奏曲 D956）

まず、四重奏断章からコメントしたい、というのも、この曲は、ヴェラーの甘くて美しい音と巧みなテクニックが最もよく表れた演奏だ、と思うからだ。ここでは彼は彼自身の四重奏団で、本当に自由に、彼がやりたい演奏を行なっているからだろう。それにしても、ヴェラーがうっとりするような美しい音で、情緒たっぷりに演奏すると、本当に美しすぎて、ついつい聴き惚れてしまうのだ。このままずっと彼の音楽に浸っていたいと思うのである。この演奏は、ヴェラーの録音の中でも、彼の特徴を最もよく表した、名演だと思う。

さて、シューベルト最晩年に作曲された弦楽五重奏曲だが、演奏に五〇分前後もかかる長い曲なので、つまみ食い的な聴き方の私は、ほとんど第三楽章と第四楽章しか聴いていない（本来なら、シューベルトの激しい感情の慟哭が聴かれる第二楽章をじっくり聴くべきなのだが、闘病中の私には、少々荷が重く感じてしまう）。

重厚で力強く始まる第三楽章の演奏も素晴らしいが、やはり聴きものは第四楽章だろう。第四楽章のジプシー風の旋律が弾むように演奏されているが、これに続く第二主題の美しい旋律を、ヴァイオリンがチェロなどと共にウィーン情緒豊かに、しみじみと演奏しているところが本当に素晴らしい。それにしても、何と綺麗で巧いヴァイオリンなのだろう！　なぜこんな力量のある人がウィーン・フィルハーモニー管弦楽団のコンサートマスターの座を突然捨てて指揮者になってしまったのか、本当に残念至極でならない。

「ウィーン室内合奏団／モーツァルト曲集」モーツァルト「弦楽五重奏曲K.515」「ディヴェルティメントK.136」他（1969年　ART UNION RECORDS　ARND-2023-25）

シューベルト「四重奏断章D703・弦楽五重奏曲D956」ヴェラー弦楽四重奏団 他（1970年　DECCA 421 094-2）

ウィーン情緒を端正に歌い上げたヴァイオリニスト
――ワルター・バリリ

つまみ食いCD
シューベルト「ピアノ五重奏曲「鱒」」
シューマン「ピアノ五重奏曲」
ベートーヴェン「弦楽四重奏曲第十番「ハープ」」（第一楽章）

ワルター・バリリは、一九三九年にウィーン・フィルハーモニー管弦楽団のコンサートマスターに就任し、一九四五年には自らの名を冠した弦楽四重奏団を結成した、ヴァイオリンの名手である。

バリリ弦楽四重奏団は、ベートーヴェンの弦楽四重奏曲全集や、モーツァルトの弦楽四重奏曲の大半、その他かなりの量の録音を残している。一九九五年に来日したこともあるので、記憶に残っている方もいらっしゃるのではないかと思う。

ここでバリリ弦楽四重奏団を採り上げたのは、私が中高生時代から聴いたシューベルトのピアノ五重奏曲「鱒」の演奏がことのほか素晴らしかったからだ。ウィーン情緒溢れると共に、端正な演奏に心を奪われ、「鱒」と言えば、バリリの演奏ばかり聴いていたのである。

また、比較的最近発売されたSCRIBENDUMによる二十二枚組みのCDセット「バリリ四重奏団の芸術」は、従来のウエストミンスター盤と比べて音が格段に良くなっており、彼らの演奏の素晴らしさを再確認することができるのである。

ここでは、そのセットの中から、私が特に素晴らしい、と感じているCDをご紹介したい。

(一)シューベルト　ピアノ五重奏曲「鱒」

冒頭に書いたように、「鱒」と言えばバリリの演奏ばかり聴いてきたので、私の身体の中に刷り込まれた演奏となっている。

パドラ・スコダの明るいピアノと共に、バリリが本当に美しい音で、ウィーン情緒溢れる演奏を行なっている。テンポがとても自然で、シューベルトの音楽の美しさ、素晴らしさがストレートに心に染み込んでくるのだ。ただし、彼のヴァイオリンは、ヴェラーのような甘くうっとりとする美音ではなく、そこには一定の節度を保った端正な面を感じる。そして、ヴェラーのように、バリリが弾き始めた途端、彼の存在に気付くことは少々難しいかもしれない。バリリの音はヴェラーと比べると少し線が細く、また、他の奏者とのバランスを十分考慮しながら演奏していたからだろう、と思われる。

有名な第四楽章「鱒の主題による変奏曲」では、自然でゆったりしたテンポで、実にしみじみと歌っている。これこそ、私の「鱒」の理想の姿であり、他の演奏になかなか食指が動かない理由なのだ。

それにしてもSCRIBENDUMの復刻は本当に見事だ。一九五八年のステレオ初期の録音が、まるで最新録音のようにとても鮮明に聴こえており、「バリリの音はこんなにも美しかったんだ！」とあらためて彼のヴァイオリンの素晴らしさを再認識した次第である。

(二)シューマン　ピアノ五重奏曲

これも中高生時代から聴いてきた演奏である。全体に溌剌とした演奏なのだが、その中でヴァイオリンがウィーン情緒豊かによく歌っているところ（特に第二楽章と第三楽章のそれぞれの中間部）が素晴らしいのだ。

ピアノのイエルク・デムスも、後年の少々クセのあるピアノではなく、とても自然な流れの中で演奏している。ただし、私の装置では、以前のウエストミンスター盤よりも、ピアノが全体的に強めに聴こえてくるのが気になったが……。

(三)ベートーヴェン　弦楽四重奏曲第十番「ハープ」（第一楽章）

私はこの曲の第一楽章を、中高生時代から聴き続けてきた。静かに始まる前奏を終えて主部に入いり、バリリが美しい旋律を歌い始めた時、そしてバリリの美しいピツィカートの音が聴こえてきた時、私は本当に幸せな気分になるのだ。こんなに美しいベートーヴェンは滅多に聴くことはできないのではないか、と思う。一九五〇年代のウィーンの人たちは、ベートーヴェンをこんなにも情緒豊かに美しく歌い上げていたのである。

なお、このベートーヴェンの録音は一九五六年のものだが、SCRIBENDUM盤で聴く限り、かなり鮮明に聴こえており、鑑賞に全く支障はない。

「バリリ弦楽四重奏団の芸術」シューベルト「ピアノ五重奏曲 鱒」シューマン「ピアノ五重奏曲」ベートーヴェン「弦楽四重奏曲第十番 ハープ」他（1955～1958年 SCRIBENDUM　SC805）

第二章

敬愛する演奏家たち

将来は「ピアニストの小澤征爾」になれるか

——藤田真央

つまみ食いCD

ラフマニノフ「ピアノ協奏曲第二番」
モーツァルト「ピアノ・ソナタ全集」とその抜粋盤

藤田真央《まお》（以下、親しみを込めて「真央くん」と称す）は、現在二十代半ばにして、既に世界のピアノ界で巨匠の域に近づいているのではないか、と思う。それは、どんな大物指揮者や有名オーケストラと共演しても、全く気後れすることなく、自分が目指す音楽を表現できる風格すら感じられるからである。これはこの年齢の青年とは思えないほどの落ち着きぶりだ。そして真央くんが奏でるピアノの音は、ことのほか美しく、また表現もファンタジーに溢れており、まさにうっとりと聴き惚れてしまうのだ。

実際、真央くんはアンドラーシュ・シフ、アルゲリッチ、ユジャ・ワンといった世界の大物ピアニストたちの代役（アルゲリッチとワンの時は二日後が本番）を引き受け、見事に成功している。

また、二〇二一年七月にはスイスのヴェルビエ音楽祭で、モーツァルトのピアノ・ソナタ全曲演奏会を開いて拍手喝采を浴びている。さらに二〇二二年八月には、こちらも世界的に有名なスイスのルツェルン音楽祭で、シャイーの指揮でラフマニノフのピアノ協奏曲第二番を弾き、スタンディング・オベーションの大成功を収めているのだ。その後、二〇二三年一月には、音楽の殿堂カーネギー・ホール（ニューヨーク）でソロ・リサイタルを開き、これも万雷の拍手を受け大成功を収めたのである。

私が、真央くんは「ピアニストの小澤征爾になる素質」があると思ったのは、彼の音楽に対するしっかりした考え方、ストイックに楽譜を研究して練習に没頭する姿勢、誰からも愛される明るい性格などが小澤征爾さんに似ている、と感じたからである。真央くんが書いた本『指先から旅をする』（二〇二三年、文芸春秋、以下「真央くんの本」と称す）を読むと、そのことがよく分かるのである。この本で感心したのは、若干二十代前半のあどけない顔をした青年が、実にしっかりした考えを持ち、しかも楽譜を読み込む努力を真摯に続けていることだ。たとえば、「作曲家の意図をピアニストは再現して聴衆に伝え、聴衆と『共有』することが大切である」という考えを既に身に着けていることである（真央くんの本、六二頁）。自分が舞台で輝くことだけを考え、派手なパフォーマンスをしたり、技術をひけらかしたりする若手演奏家が多い中で、二十代前半にしてこの考え方を持っているとは、実に立派なことだと思う。まさに丸山眞男氏が「感動の共有体験」こそ「音楽という芸術の神髄」であるとして強調していたこと（中野雄『丸山眞男 音楽の対話』文春新書、一九九九年、一九六頁）を、真央くんは既に会得しているのである。

また、恩師野島稔氏の教えに従い、常に楽譜の研究を続けて作曲家の意図を探し求め（そのために楽譜の版選びにも神経を使っている）、その意図の再現を行なうために練習に没頭するのである。実際、旅から旅への忙しい生活が続く中で、観光などほとんどせず、ホテルなどに籠ってひたすら練習を続けている。このような謙虚でストイックな姿勢を保ち続けていくならば、将来真央くんが世界の巨匠の仲間入りをすることは間違いない、と確信した次第である。

また、真央くんが達者な英語力と持ち前の明るい性格で、誰とでも親しく接し、またゲルギエフ、エッシェンバッハ、シャイーなどの世界的大指揮者たちや共演者たちにも愛されてきたのは、小澤さんが、ミュンシュ、バーンスタイン、カラヤン、ロストロポーヴィチ、アルゲリッチなどの巨匠たちに愛されたのとよく似ていると思う。

今は、世界中を飛び回って大指揮者や著名オーケストラ、著名ソリストたちとの共演を続け、そこから吸収できるものはどんどん吸収していく時期だと思う。それは、体力的に多少の無理をしてもすぐに回復できる若い時期にしかできないことだからだ。しかしながら、ある時点になったら、一年ぐらい休養を取り、体を休めると共に、旅行や読書、絵画などを楽しんだり、様々な演奏会を楽しんだりする時間を多く作り、人間としての幅を広げていくことも必要なのではないか、と思う。それこそが彼が真の巨匠となるための道ではないか、と考えるからである。

前置きがずいぶん長くなってしまったが、ここで真央くんのBlue-rayやDVD、CDを採り上げていきたい。

㈠ラフマニノフ　ピアノ協奏曲第二番

私はテレビ放送で彼のラフマニノフのピアノ協奏曲第二番を見た（聴いた）のだが、様々な箇所に感心しきりで、最後まで興奮しながら一気に視聴してしまった。

第一楽章はファンタジー溢れる演奏で、弱音は実に綺麗、また速いパッセージやフォルテの箇所でも音がクッキリ分かれて聴こえるのだ。これは、彼が完全に脱力しながら弾いている証拠だろう。さらに、第二楽章では、この上なく美しい響きの、感じ切った歌が連続し、まさに全楽章の白眉の素晴らしさだと思った。そして驚いたのは、冒頭のまだ弾いていない箇所で、オーケストラを眺め、特にフルートの見事なソロには「そうだ、その通りだ！」と恍惚した表情を見せているいることだ。これは、彼がオーケストラの中に完全に入り込んで、自ら望むラフマニノフを演奏しよう、という意思の表れだと思う。他者の演奏を見る（聴く）という姿は、とても二十三歳の青年とは思えず、数々の経験を積んだ巨匠の風格すら感じたのである。第三楽章でも、速い箇所はクッキリと音が分かれて聴こえ、指揮者／オーケストラと丁々発止の演奏を続けながらも、オーケストラを見る余裕まで見せている。もちろん、終演後はスタンディング・オベーションの嵐となったことは言うまでもない。

(二)モーツァルト　ピアノ・ソナタ全集とその抜粋盤

私は長い間、モーツァルトのピアノ・ソナタとして、ワルター・クリーンの演奏（後述）を愛聴してきた。ちょっと硬質のクリアーな美音で、玉を転がすように演奏されるモーツァルトは絶品で、これ以上のモーツァルトのソナタ演奏はない、と思っていた。ところが、クリーンの演奏と比較し得る演奏が遂に現れたのだ。それも若干二十代前半のあどけない顔をした日本人ピアニストである。

真央くんのモーツァルトは、ファンタジーと即興性に溢れていて、聴いていてまさに至福の時を過ごすことができる。モーツァルトのピアノ・ソナタは、専門のピアニストから見ると、音符がかなり少ない中で、モーツァルトの心の移ろいをどのように表現して聴衆に伝えるか、非常に難しい作業となるようだ。もちろん、真央くんは、とことん楽譜を読み込み、作曲した当時のモーツァルトの心境などを十分研究した上で、実際に演奏する時は、その場で感じたインスピレーションに反応しながら、自由自在に弾いているのだ。聴いていてワクワク・ドキドキして全く飽きることがない。まるで、モーツァルトが目の前で弾いているような錯覚さえ感じてしまう。

CDはピアノ・ソナタ全曲を入れた全集と、ソナタの抜粋＋小品を入れた抜粋盤がある。忙しい人は、抜粋盤だけ聴いても十分だと思う。というのも、抜粋盤の三つのソナタや小品の中に、真央くんの魅力がすべて入っていると感じられるからである

K.310は、母の死後に書かれた、モーツァルトとしては珍しい短調の曲。特に第二楽章の弱音の中で、真央くんがスタカート気味に弾いているところがユニークだと思った。

K.331の有名な「トルコ行進曲付き」では、第一楽章でのスタカート気味の颯爽とした演奏が印象的だ。第三楽章でも、時折即興的な装飾音を加えるところが素晴らしい。

K.545は、ピアノを習った人なら弾いたことがあると思われる、とても有名な曲。でも、真央くんが弾くと全く別物の、ファンタジー溢れる曲に変わってしまうのだ。所々に装飾音を交えた自由自在の演奏で、聴いていてハラハラ・ドキドキしてしまう。特に第二楽章では、左手をスタカート気味に弾いたり普通に弾いたりと、その自由な変幻自在ぶりが実に面白く、聴いていて全

く飽きることがないのである。

ラフマニノフ「ピアノ協奏曲第2番」他　藤田真央（ピアノ）／シャイー（指揮）／ルツェルン祝祭管弦楽団（DVD　2022年　Accentus Music　ACC-20583DVD）

ラフマニノフ「ピアノ協奏曲第2番」他　藤田真央（ピアノ）／シャイー（指揮）／ルツェルン祝祭管弦楽団（Blu-ray　2022年　Accentus Music　ACC-10583BD）

藤田真央「モーツァルト　ピアノソナタ全集」（2021年　SONY 196587 10762-1～5）

藤田真央「モーツァルト　ピアノ・ソナタベスト、小品集」(2021年～22年　SONY　SICC 30722）

透明で澄み切った音による極上のモーツァルト
――ワルター・クリーン

つまみ食いCD
モーツァルト「ピアノ独奏曲選集より「ロンドK.485」」他
モーツァルト「ピアノ協奏曲第十七番」（スクロヴァチェフスキ指揮／ミネソタ管弦楽団）

ワルター・クリーン（一九二八―一九九一年）は、オーストリア出身のピアニストで、主に米国や欧州で活躍した人である。たびたび来日してN響とモーツァルトの協奏曲を弾いたり、NHKの趣味百科「ピアノでモーツァルト」の講師を務めたりと、日本でも馴染みの深かった人である。しかしながら、最近クリーンの名前を聞かなくなった気がして、とても寂しい思いをしている。

彼は、モーツァルトやブラームスのピアノ独奏曲全集、シューベルトのピアノ・ソナタ全集、モーツァルトのピアノ協奏曲選集などを録音しているが、VOXというマイナー・レーベルでの録音が多く、CDで接する機会が少ないこともその理由かもしれない。私としては、世に「モーツァルト弾き」として知られるピアニストたち（例えば、ギーゼキング、リリー・クラウス、ヘブラー、内田光子など）の中で、ワルター・クリーンこそベストの「モーツァルト弾き」だと考えているので、とても残念でならない。

クリーンのモーツァルトの特徴を挙げると、「少々硬質の、透明で澄み切った音で、ほとんどインテンポで端正に弾きながら、そこに音色、強弱などを絶妙に変化させる、ニュアンスに満ちた演奏をする人」、ということになるだろう。

ここでは、私の手持ちのモーツァルトのＣＤを中心に演奏を紹介していきたい。

㈠モーツァルト　ピアノ独奏曲選集より

このＣＤには、嬉しいことに、真央くんの抜粋盤と同じ、次の三つの曲が入っている。即ち、ピアノ・ソナタK.310とK.331「トルコ行進曲付き」、そして幻想曲K.397である。真央くんの演奏と比較しながら書いてみたい。

ピアノ・ソナタK.310では、クリーンはほぼインテンポで端正に弾いており、真央くんのようなファンタジー溢れる自由自在な演奏とは異なっている。しかしながら、端正に弾いても、そこには細かい絶妙なニュアンスの変化があって、ついつい聴き惚れてしまう。特に第二楽章は、この上なく澄み切った美しい音で淡々と弾きながらも、そこにニュアンスの多彩な変化が感じられ、本当に素晴らしい。この楽章を聴くだけでも、クリーンのモーツァルトがいかに素晴らしいものであるか、よく理解できると思う。

ピアノ・ソナタK.331（トルコ行進曲付き）の第一楽章は、少し早めのテンポで溌剌と演奏している。多くのピアニストがテンポを落とす第五変奏曲（アダージョ）では、真央くんも少しテンポを落としているが、クリーンはほとんどインテンポで弾いている。それでもニュアンスの絶妙な変化はここでも健在だ。有名な第三楽章でも早めのインテンポで、実に溌剌と弾いている。音も本当にクリアーで綺麗だ。このK.331に関しては、私は真央くんの演奏よりもクリーンの演奏のほうが好きである。

幻想曲K.397は、真央くんがテンポや強弱、ニュアンスをいろいろ変化させながら演奏をしているのに対し、クリーンはほぼインテンポで淡々と弾いているように聴こえる。しかしながら、短調の旋律が始まると、テンポを自在に動かし、実に悲哀に満ちた表現となる。そしてその音の何と透明で美しいこと！　その後長調の旋律に入ると、いかにも明るく楽しそうに弾くのである。ここでもクリーンの透明で美しい音は健在であり、その音を聴くだけでも、本当に幸せな気分になってしまうのだ。

ロンドK.485の演奏に関してだが、私はクリーンのモーツァルトの最高傑作ではないか、と考えている。彼の美質が最大限に反映された超名演だと思うからだ。冒頭の、澄み切った美しい音が鳴りだした途端、私はその美しさに釘付けになってしまう。そして玉を転がすような美音が続くなか、そこに無限のニュアンスの変化が散りばめられ、まさにうっとりと聴き惚れてしまうのだ。この曲は五分あまりと短いので、私は、何度も何度もこの演奏を繰り返して聴いてしまうのである。クリーンのモーツァルト演奏の素晴らしさを知るために、是非聴いていただきたい名演である。

(二)ピアノ協奏曲第十七番　スクロヴァチェフスキ指揮／ミネソタ管弦楽団

クリーンは、モーツァルトのピアノ協奏曲として、第十二、十四、十六、十七、十八、二十一、二十三、二十四、二十六、二十七番の録音を残している（いずれもVOX盤）。その中で、私が最も好きでよく聴く曲は、第十七番である。曲自体が明るく楽しさに溢れており、そこにクリーンの透明で美しい音が加わって、実に素晴らしい演奏となっている。特に第三楽章は、曲調もあって愉悦感を前面に出しており、そこに美しい音と絶妙なニュアンスの変化が加わるので、聴いていてまさに至福の時を過ごすことができる。ロンドK485と同様、クリーンの素晴らしさを知るために、是非聴いていただきたい演奏である。

モーツァルト　ピアノ協奏曲第17番他「モーツァルト　ピアノ協奏曲集」ワルター・クリーン（ピアノ）／スクロヴァチェフスキ（指揮）／ミネソタ管弦楽団（1978年　VOX　COCQ 84707→11）

モーツァルト　ロンドK.485他「モーツァルト　ピアノ独奏曲選集」ワルター・クリーン（ピアノ）（録音年代不詳　VOX PVT 7194）

ラモーなどのアンコール曲が魅力的な幻のピアニスト
――グリゴリー・ソコロフ

つまみ食いCD
「シューベルトとベートーヴェン」でのラモーを中心としたアンコール曲
「ザルツブルク・リサイタル」でのラモーを含むアンコール曲
モーツァルト「ピアノ協奏曲第二十三番」他

グリゴリー・ソコロフは、長らくソ連邦の中だけで活動してきた人で（もちろん来日はしていない）、まさに知る人ぞ知る幻の名ピアニストである。

彼が弱音で弾く時の、繊細で透徹した美しい音がとても魅力的で、アンコール曲（特にラモーなど）を弾く時にその美質が最もよく現れる人だと考えている。

ここでは、三つの演奏会のライヴ録音のＣＤ（とＤＶＤ）を採り上げるが、一と二はいずれもアンコール曲での演奏がことのほか素晴らしいのだ。一般に、メインの大曲が終わって、肩の荷がおりた時に弾くアンコール曲は、自分が一番好きで最も得意とする曲を、肩肘張らずに自由に演奏することが多いと感じている。その時、その演奏家の本来の姿や個性がはっきり現れることが多いと思う。

ソコロフのような超一流の演奏家に対し「アンコール曲が素晴らしい」と述べるのは、その道の専門家の方々からお叱りを受けそうだが、私の感性がどうしてもそのように感じてしまうので、「素人のたわごと」として、どうかお許しいただきたい。

(一)「シューベルトとベートーヴェン」でのラモーを中心としたアンコール曲

シューベルトの即興曲D.899、ベートーヴェンのピアノ・ソナタ第二十九番(ハンマークラヴィーア)のCD(およびDVD)では、ソコロフはアンコールとしてラモーの五曲とブラームスの間奏曲を演奏している。ラモーの曲では、クラヴサン曲集から「やさしい訴え」「つむじ風」「一つ目の巨人」「いたずら好き」「未開人」が演奏されており、その繊細な美しさはことのほか素晴らしいと思った。特に「やさしい訴え」が始まった途端、そのピアノの研ぎ澄まされた繊細で透明な響きと、自由でロマンティックなテンポ設定に感動し、「ラモーの曲はこんなにも美しくて奥が深い音楽だったのか!」と驚くと共に涙が出てしまったのである。また「つむじ風」「一つ目の巨人」「未開人」での、速いパッセージを繊細でニュアンス豊かに、かつ軽々と弾きこなすテクニックも素晴らしいと思った。ソコロフはラモーを弾く時、他の曲で時折見せる強靭な打鍵は影を潜め、弱音主体にこの上なく繊細でロマンティックで実に美しい音色で演奏するのだ。また、ブラームスの間奏曲（作品百十七の二）での、しみじみとした演奏の何と美しいことだろう！　私はソコロフのアンコール曲（特にラモーの曲）を聴いて、彼がいかに優れた超一流のピアニストであるかを確信した次第である。

(二)「ザルツブルク・リサイタル」でのラモーを含むアンコール曲

モーツァルトの二つのソナタ（特にK.332が力の抜けた軽やかでニュアンス豊かな演奏）とショパンの二十四の前奏曲を弾いた後のアンコール曲がことのほか素晴らしい。なかでも、スクリャービンの二つの詩曲（作品六十九の一と二）の幻想的で透徹した音色の美しさ、ショパンのマズルカ（作品六十八の二と六十三の三）の弱音での心に染み入るような美しい音色、ラモーの「未開人」の弾むような軽やかな演奏が特に素晴らしいと思った。

(三)モーツァルト　ピアノ協奏曲第二十三番 他

前記二つのCDの他では、ラフマニノフとモーツァルトの協奏曲のライヴ録音のCDを採り上げたい。ラフマニノフの第三番の協奏曲は、オーケストラともども、燃えに燃えた演奏となっており、「ソコロフもやはりロシア人なのだ」と感じた次第である。しかしながら、私は透明感溢れるモーツァルトの協奏曲第二十三番の演奏のほうが、彼の美しい音を堪能することができて、素晴らしいと感じている。

第一楽章は、弱音主体の透明で美しい音色で、どちらかと言えば慎ましやかに弾いているところに好感が持てた。さらに第二楽章では、実に遅いテンポで（これまで聴いた中では最も遅い）、透明な美しい音で、心を込めてしみじみと歌っているところが実に素晴らしいと思った。ピノック指揮／マーラー室内管弦楽団も、ピアニストを柔らかく包み込むように演奏しており、とても好感が持てた。第三楽章もモーツァルトの愉悦感をよく現わしており、聴いていて心が明るく弾んでくるのだ。もし前著を出す前にこの演奏を聴いていたら、間違いなく推薦盤として挙げていたはずだと思った。

ラモーを中心としたアンコール曲「シューベルトとベートーヴェン」グリゴリー・ソコロフ（ピアノ）（2013年　ドイツ・グラモフォン　00289 479 5426）

ラモーを含むアンコール曲「ザルツブルク・リサイタル」グリゴリー・ソコロフ（ピアノ）（2008年　ドイツ・グラモフォン　00289 479 4342）

モーツァルト「ピアノ協奏曲第23番」他　グリゴリー・ソコロフ（ピアノ）／ピノック（指揮）／マーラー室内管弦楽団（2005年　ドイツ・グラモフォン　00289 479 7015）

稀代のエンターテイナー――シューラ・チェルカスキー

つまみ食いCD
アンコール集1（ASV盤）
アンコール集3（LONDON盤）

シューラ・チェルカスキー（一九〇九―一九九五年）は、オデッサ生まれでロシア革命の時に米国に亡命、その後はロンドンに居を構えて最晩年まで演奏活動を続けたピアニスト。類い稀なテクニックと音楽性を併せ持ち、自ら楽しみながら演奏して、聴衆を大いに喜ばせる、まさに稀代のエンターテイナーである、と私は感じている。

実は、私が大学卒業から銀行に入社するまでの一ヵ月間（一九八〇年三月）、ヨーロッパの主要七ヵ国を回る旅行に参加したのだが、その時チェルカスキーの実演を聴いたことがある。たしかウィーンだったと思うが、舞台の上の私の席からわずか四、五メートルのところでチェルカスキーが弾いているという、とても貴重な経験をした。その時も、アンコール曲主体の演奏会だったと思うが、どんな曲が演奏されたかは忘れてしまった。今でも、小柄な彼がチョコチョコと舞台を歩き、ピアノの前に座ったと思ったら、いきなり曲を弾き出す姿をはっきりと覚えている。

その時受けた強烈な印象がいつまでも忘れられず、チェルカスキーと聞けば、「ああ、アンコールで聴衆を大いに沸かせた、あの小柄で愛嬌のあるおじいちゃん」の姿を思い出すのである。

彼の演奏は、超絶技巧を駆使しながらも、時折愛嬌やユーモアを交えて、聴衆を大いに楽しませるものである。そこにはあり余るテクニックを誇示することはなく、奇をてらうこともなく、ごく自然に楽しんで演奏しているところが素晴らしいのだ。

最近は、彼のように超絶技巧を用いながら、自ら楽しんで、聴衆を楽しませるピアニストが本当にいなくなった、と寂しく思うのだ。チェルカスキーとほぼ同世代には、ホロヴィッツやルービンシュタインといった大巨匠が活躍しており、チェルカスキーと同様に聴衆を大いに楽しませる人たちがいたのだが……。

さて、チェルカスキーは夥しい数の録音を残しているが、やはり紹介すべきは、彼のアンコール集となってしまう。ここでは私の手持ちのアンコール集二つをご紹介したい。

㈠アンコール集1（ASV盤）

このCDに入っている演奏はどれも素晴らしいものだが、すべてにコメントしていくと頁数が多くなってしまうので、特に素晴らしいと思ったものだけを採り上げてコメントしていくこととしたい。

・「美しき青きドナウ」によるコンサート・アラベスク（シュルツ・エヴラー編曲）。高音を中心とした編曲に対し、彼はキラキラと輝く眩いばかりの音で、実に華やかに楽しく演奏している。

・マナ・ズッカの「Dixieの主題によるフガート・ユーモレスク」。元々が楽しくて浮き浮きする旋律を、技巧を駆使しながら、ユーモアを交えて演奏しており、聴いていてとても楽しい。

・ドビュッシーの「月の光」。透明で繊細で美しい音で弾かれており、この人のフランス音楽もなかなかのもの、と感心してしまった。

・バラキエフの「イスラメイ」。〝史上最も演奏困難な曲〟として有名な難曲であるはずなのに、彼はそれを全く感じさせず、いとも軽々とそして華やかに弾いている。まさに演奏効果満点の素晴らしさだ。

・サンサーンスの「白鳥」（ゴドフスキー編曲）。チェルカスキーがアンコールでよく採り上げる曲。

ゴドフスキーの編曲はとても難しいはずなのに、彼はキラキラ輝く美しい高音でいとも軽やかに、かつしみじみと歌って演奏している。

- ラフマニノフの「ポルカ」。これも難曲のはずなのに、彼はいとも易々と、とても楽しそうに弾いている。
- ファリャの「火祭りの踊り」。元々はオーケストラの曲なのだが、彼は技巧を駆使して、オーケストラ演奏に引けを取らない、とても華やかな演奏を繰り広げている。
- 奥村一編曲の日本民謡二曲。「音戸の舟唄」はとてもしっとりと、そして「おてもやん」はとても華やかに弾かれている。チェルカスキーが日本の民謡を採り上げて演奏しているので、とても嬉しくなった。ちなみに、家内はチェルカスキーの来日公演の時に、これらの曲を聴いたことがあるという。
- ラヴェルの「亡き王女のためのパヴァーヌ」。前述の「月の光」と同様、ラヴェルの曲も、透明で繊細で心に染み入るような綺麗な音で弾いている。この演奏は、これまで聴いたパヴァーヌの中で最も自然で美しい演奏だと思った。
- グールドの「ブギウギ・エチュード」。ブギウギの曲なので、とても華やかで力強くて楽しい演奏となっている。体がついついリズムに合わせて動いてしまうほどだ。まさに演奏会を締めくくる、効果満点の曲と演奏だと思う。家内は、来日公演の最後に、彼がこの曲を弾いて大喝采を浴びた、との記憶があるとのこと。聴衆が心から楽しんで演奏会場を後にすることができるとは、何と素晴らしいことだろう、と思う。

(二)アンコール集3(LONDON盤)

これも、特に素晴らしいと思った演奏にコメントを付すことにしたい。なお、アンコール集1と重なった曲(ラフマニノフの「ポルカ」やバラキエフの「イスラメイ」については、アンコール集1のコメントをご参照いただきたい)。

・パデレフスキの「メヌエット」。この曲を弾いた家内によれば、とても可愛らしく弾くはずの曲、とのこと。でも彼が弾くと、かなり壮大で華やかな曲に変身するから面白い。

・ショスタコーヴィッチのバレエ「黄金時代」より「ポルカ」。元々が面白くて聴衆の笑いを誘うような曲。彼は実に楽しくユーモアを交えて演奏しており、聴衆の笑いを誘って拍手喝采を浴びている。

・スクリャービンの「練習曲作品二―一」。とても透明な美しい音で、静かにしみじみと弾いている。

・シンディングの「春のささやき」。前著で「歌心に溢れている」と絶賛した杉谷昭子さんの演奏（前著、一五六頁）とはかなり異なる、とても華やかな演奏で、フォルテの箇所はかなり力強く弾いている。

・モーツァルトの「トルコ行進曲」。とても可愛らしく楽しげに弾いている。左手のアクセントが効いている。

・ドビュッシーの「アラベスク第一番」。透明で美しい音で弾いている。彼のフランスものはやはり素晴らしい、と思った。

・モシュコフスキーの「愛のワルツ」。とても可愛らしい曲。彼は軽やかでニュアンス豊かに、時折テンポを変えながら演奏している。

「アンコール集1」（ASV盤）シューラ・チェルカスキー（ピアノ）（録音年代不詳　ASV　CD QS 6096）

「アンコール集3」（LONDON盤）シューラ・チェルカスキー（ピアノ）（1979〜1991年　LONDON POCL-1298）

華やかで颯爽としたモーツァルト
――ポール・マカノヴィッキー

つまみ食いCD
モーツァルト「ヴァイオリン協奏曲第三番」（マカノヴィッキー（ヴァイオリン）／リステンパルト指揮／ザール室内管弦楽団）

ポール・マカノヴィッキーはスウェーデン出身のロシア系ヴァイオリニスト。録音が少なく、あまり知られていない人だが、モーツァルトのヴァイオリン協奏曲の演奏があまりにも素晴らしいので、ここにご紹介する次第である。

モーツァルトの協奏曲第三番では、長らくグリュミオー（ヴァイオリン／デイヴィス〔指揮〕／ロンドン交響楽団）のフィリップス盤が定番中の定番とされてきた。私も、ほとんどこの演奏しか聴いてこなかったのである。しかしながら、マカノヴィッキーの演奏を聴いて、考え方を改めることにしたのだ。というのも、第一楽章のヴァイオリンの独奏が始まった瞬間、ヴァイオリンが実に軽やかで、華やかで、艶やかに（時には輝かしく）歌っていることに驚き、彼の魅力に取り憑かれてしまったからである。

軽やかさ、華やかさなどの特徴はグリュミオーに対しても当てはまるのだが、マカノヴィツキーはグリュミオーを上回る水準で軽々と成し遂げているのだ（グリュミオーは、時々先走って演奏しているように聴こえる点が気になっている）。

さらにリステンパルト指揮／ザール室内管弦楽団の伴奏は、マカノヴィツキーと同様に軽やかで華やかで、かつ音が柔らかく溶け合って聴こえるので、本当に夢見るように美しい演奏なのだ。グリュミオーの伴奏を行なっているディヴィス／ロンドン交響楽団は、とても立派な（時に立派過ぎる）演奏を行なっているが、音色の魅力という点では、リステンパルト／ザール室内管弦楽団のほうがはるかに上だと思う。

第五番の協奏曲も同様の魅力を湛えた演奏だが、全体としては第三番のほうが素晴らしいと思う。

マカノヴィツキーのモーツァルトの協奏曲第三番を一度聴いてしまったら、もう他の演奏を聴く気もなくなってしまうのでは、と思う。それだけ価値のある、掘り出し物のような名演だと思う。

問題は、CDの入手がなかなか難しいこと。私はEterna Trading盤（LPからの復刻で、時折針音がするが、音がとても自然でヴァイオリンの美しさをよく再現しているように感じられる）を愛聴している。また、アリアCD（クラシックCDの通販ショップ）でも入手可能かもしれないので、問い合わせてみると良いだろう。

モーツァルト「ヴァイオリン協奏曲第3番」他　マカノヴィツキー（ヴァイオリン）／リステンパルト（指揮）／ザール室内管弦楽団（1960年代　Eterna Trading CDR082/266）

独特の歌い回しと切れ味鋭いテクニックを併せ持つヴァイオリンの名手――ブロニスワフ・ギンペル

つまみ食いCD
ブルッフ「ヴァイオリン協奏曲第一番」
ラロ「スペイン交響曲」
ヴィエニャフスキ「ヴァイオリン協奏曲第二番」

ブロニスワフ・ギンペル（一九一一―一九七九年）は、現在のウクライナ（リヴィウ）出身のヴァイオリニストで、主に欧米で活躍した人。録音は一九五〇年代のものが多く、日本ではあまり知られていないかもしれない。

私は、ギンペル特有の情熱的な歌い回しと切れ味鋭いテクニックの素晴らしさに夢中になり、彼のCDをかなり集めた時期があった。その中で、私が特に素晴らしいと感じたCDをご紹介したい。

㈠ブルッフ　ヴァイオリン協奏曲第一番

これまで聴いたブルッフの協奏曲の演奏の中で、最も感銘を受けた一枚である。遅いテンポでしみじみと歌い抜く歌心と、彼特有の情熱的な歌い回しの両方が楽しめる、とても貴重な録音だと思う。これは、ノーカットに近い形での演奏・録音であることも影響しているのだろう。まるでライヴ録音を聴きているような興奮さえ覚える。

第一楽章第二主題の美しい旋律は、徹底的に遅くして弱音で歌い抜く（2分38秒辺りから）。その温かい歌い回しがしみじみと心に染み込んでくる。こんなに遅いテンポの演奏は初めて聴いたのだが、この遅いテンポこそ、ブルッフの音楽の美しさを心から堪能できるのではないか、と思った。一方激しいところは、まるでジプシー音楽のように情熱的に演奏するのだ。

第二楽章も、非常にゆっくりしたテンポと控えめな音量で、ヴァイオリンがしみじみと情感たっぷりに歌う。ヴァイオリンがこれだけ歌う演奏も珍しいのではないか、と思う。

第三楽章は、オーケストラ共々情熱的な、燃えに燃えた演奏。ギンペルのテクニックが冴え渡り、速いパッセージをものの見事に弾き切っている。また歌うところは徹底的に歌い抜くのだ。

また、この演奏の成功の一端は、グリューバーの指揮によるところが大きいと思う。重厚な音で支えながら、ギンペルの目まぐるしいテンポの変化に臨機応変に対応し、激しいところは徹底的に激しくオーケストラを鳴らすのだ。特に第一楽章の5分34秒辺りからは、急にテンポを速め、まるで嵐のように激しく荒れ狂う演奏を行なっていて、本当に素晴らしい。この箇所のオーケストラ演奏は、今まで聴いたCDの中で最も素晴らしいと思った。また、第二楽章の盛り上がる箇所でホルンの強奏も実に見事だ。

㈡ラロ　スペイン交響曲

私にとって、掘り出し物のようなスペイン交響曲である。

ギンペルは、スペイン風のエキゾチックな旋律を独特の歌い回しで情熱的に歌い、抒情的な箇所は実にしっとりと歌っている。速いパッセージは、胸の空くような切れ味鋭いテクニックを披露していて本当に素晴らしい（特に第一楽章、第二楽章、第五楽章）。

フリッツ・リーガー指揮のミュンヘン・フィルハーモニー管弦楽団も、早めのテンポでキッパリとメリハリを付けた伴奏をしていて、実に見事だ。

㈢ヴィエニャフスキ　ヴァイオリン協奏曲第二番

これも、私にとって掘り出し物の一枚である。抒情的な旋律ではしみじみと心を込めて歌い、激しい箇所では、独特の歌い回しで情熱的な表現を見せる。速いパッセージの箇所は、実に見事なテクニックで易々と弾き切ってしまう。特に第三楽章がオーケストラともども見事だと思った。

この他、シベリウスのヴァイオリン協奏曲（一九五五年）が、極めて情熱的で、テクニックも冴えわたっており、オーケストラを含め、とても素晴らしい演奏なのだが、「澄み切った北欧の空」を表現しているかというと、ちょっと違う気がしたので、やむなく外すことにした。しかしながら、この演奏を良しとする人がいてもおかしくないほどの名演だと思う。

ブルッフ「ヴァイオリン協奏曲第1番」他　ギンペル（ヴァイオリン）／グリューバー（指揮）／ベルリン交響楽団（1960年　DENON　COCQ-84276）

ラロ「スペイン交響曲」他　ギンペル（ヴァイオリン）／リーガー（指揮）／ミュンヘン・フィルハーモニー管弦楽団（1956年　ドイツ・グラモフォン　LPEM 19071）

ヴィエニャフスキ「ヴァイオリン協奏曲第2番」ギンペル（ヴァイオリン）／ゴールケ（指揮）／RIAS交響楽団（1954年　audite 21.418）

透明な美しい音で存在感を放つオーボエ——宮本文昭

つまみ食いCD

モーツァルト「協奏交響曲 K.297B」（レヴィン復元版）
「夢のあとに〜宮本文昭ベスト・アルバム」

小澤征爾さんのCDをたくさん聴くようになって、とても気になる演奏家がでてきた。それは、オーボエの宮本文昭氏である。特に、サイトウ・キネン・オーケストラとのブラームスの交響曲第四番（一九八九年）やベートーヴェンの交響曲第六番「田園」（一九九八年）で、宮本氏のオーボエがひときわ存在感を放っているからだ。彼のオーボエの音は、少し太めで独特のビブラートがかかった、本当に美しいもので、大勢のオーケストラの中でもひときわハッキリと聴こえるのである。その音を聴いた途端、「あッ、宮本さんが吹いている」と分かるほどなのだ。

ここでは、私が聴いて、本当に「美しい！」「素晴らしい！」と感じた宮本氏の演奏をご紹介したい。

㈠モーツァルト　協奏交響曲 K.297B（レヴィン復元版）

この曲は、前著でも書いたように、長らくモーツァルトの偽作とされていたものを、レヴィンなどが統計学的な研究を行ない、「ソロ・パートはモーツァルトの真作、オーケストラは第三者の編曲」との結論に達し、またオーケストラ・パートを「本来モーツァルトが書いたであろう姿」に復元したものである。

この曲については、前著でホリガー盤を絶賛したのだが、この小澤氏指揮の演奏はそれに勝るとも劣らない素晴らしいものだと思う。

この曲は四人のソリストに極めて高度な技術が求められ、さらに四人がピッタリと息を合わせなければならないので、実演ではなかなか難しいのでは、と考えていた。しかしながらその心配は杞憂だった。小澤氏の見事な指揮技術もあって、実演でありながら、四人が（そしてオーケストラとも）ピッタリと揃っているとは、まさに奇跡が起きたとしか思えないのである。その意味でこの盤はとても貴重な録音だと思う。

それにしても、宮本氏を含む四人のソリストたちの巧さにはただただ舌を巻いてしまう。ホルン（パボラーク）やファゴット（イェンセン）は、速いパッセージは通常とても難しいはずなのに、この二人はいとも軽々と吹いてしまうのだ。また、工藤氏のフルートの透明で美しい音色はさすがという他ない。そして、宮本氏のオーボエは、独特の美しい音色で存在感を放っているのだ。

(二)夢のあとに～宮本文昭ベスト・アルバム

宮本氏の魅力が詰まったCDである。特に最初のマルチェッロのオーボエ協奏曲では、真っ青な空に映えるような、とても明るくて美しいオーボエの音が印象的だ。第二楽章は、弱音での情感のこもった演奏が実に見事で、まさにうっとりと聴き惚れてしまう。そして、第三楽章では、玉を転がすような透明で美しい音色に目が覚めるような思いがする。ミラノ・スカラ座弦楽合奏団の透明で明るい伴奏もあって、第三楽章はこのCDの白眉の演奏ではないか、と思った。

この他、篠崎史子氏のハープの伴奏による「愛の喜び」と「美しきロスマリン」は、音色の美しさだけでなく、自由自在なテンポの変化やニュアンスの豊かさに感心してしまう。また「熊蜂の飛行」の非常に速いパッセージを軽々と吹きこなしてしまう宮本氏の技術の高さには舌を巻いてしまう。そして、弱音で吹かれる「白鳥」と「小舟にて」も、まさにため息の出るほどの美しさだ。この両曲のハープ伴奏も絶品の美しさで、特に「白鳥」の最後が最弱音のハープで終わるところが、まさに胸キュンの美しさなのだ。この二曲は、心が和む究極のヒーリング・ミュージックだと思う。

モーツァルト「協奏交響曲K.297B」（レヴィン復元版） 宮本文昭（オーボエ)他／小澤征爾（指揮）／水戸室内管弦楽団(2004年 SONY SICC 10046）

「夢のあとに～宮本文昭　ベスト・アルバム」宮本文昭（オーボエ）他（1981～1991年 SONY SRCR 2095）

雅やかで鄙びた味わいのモーツァルト
――コレギウム・アウレウム合奏団

つまみ食いCD
モーツァルト「セレナード第九番」（ポストホルン）
モーツァルト「木管八重奏曲「フィガロの結婚」、「後宮からの逃走」」（ヨハン・ネポムク・ヴェント編）
モーツァルト「オーボエ四重奏曲&フルート四重奏曲」、「クラリネット五重奏曲&ホルン五重奏曲」

私が最も好きな古楽器の団体は、コレギウム・アウレウム合奏団（「黄金の楽団」の意）である。気分が落ち込んだ時に彼らの優雅で美しい演奏を聴くと、心が和み、気分が晴れ晴れとしてくるのだ。

私は前著で、古楽器演奏のことをあまり評価しない文章を書いた。研究の成果を強調するあまり、聴衆に「感動」をもたらす演奏が少ない、と感じることが多いからである。今もその考え方は基本的に変わらない。しかしながら、指揮者や団体によっては、実に素晴らしい演奏をしていることもあるのだ。

たとえば、指揮者ではブリュッヘン（モーツァルトやベートーヴェンの交響曲など）、ミンコフスキー（ハイドンの交響曲）、そしてオーケストラではラ・プティット・バンド（ハイドンの交響曲）、そしてコレギウム・アウレウム合奏団である。これらの演奏は、古楽器を使いながら、聴いていて「感動的だ！」「面白い！」「とても優雅だ！」「美しい！」と言った、心に響いてくるものを持った演奏なのである。その中でも、「優雅で美しくて心が和んでくる」と感じた、コレギウム・アウレウム合奏団を採り上げることにしたい。

コレギウム・アウレウム合奏団は、一九六二年にドイツで結成された、古楽器オーケストラの草分け的存在である。したがって、ブリュッヘンやアーノンクールのような、演奏法の時代考証を綿密に行なうようになった時代よりも前の演奏であり、現代の奏法に慣れた耳には、かえって分かりやすい演奏となっている。

コレギウム・アウレウム合奏団の演奏で、私が特に気に入っているのは、標題に挙げた三つのCDで、いずれもモーツァルトの曲である。

㈠モーツァルト　セレナード第九番（ポストホルン）

第一・第二・第五・第六楽章はとても溌剌とした楽しい演奏で気分が晴れ晴れとしてくるのだが、やはりこの演奏の白眉は第三・第四楽章だろう。第三楽章が始まった途端、とても遅いテンポに驚き、一瞬時が止まってしまったかのような錯覚さえ覚えるのである。実際、前著で紹介したレヴァイン指揮／ウィーン・フィルハーモニー管弦楽団の演奏（通常よりかなり遅い演奏）が8分14秒のところ、この演奏は9分34秒もかかっているのである。そして、フルートやオーボエの、何と鄙びた味わいなのだろう。これは、古楽器（およびそのコピー楽器）でしか出せない、本当に心が和む響きなのである。私はこの楽章を何度も繰り返して聴いたのだった。

第四楽章も、かなり遅いテンポでゆったり歌っている（前述のウィーン・フィルハーモニー管弦楽団が6分1秒のところを7分15秒もかかっている）。ここでも、フルートやオーボエの鄙びた響きを堪能できる。

(二)モーツァルト　木管八重奏曲「フィガロの結婚」と「後宮からの逃走」（ヨハン・ネポムク・ヴェント編）

「フィガロの結婚」は、冒頭の「序曲」が始まった途端、その優雅で美しい響きに釘付けになってしまうだろう。その後、有名なアリアや二重奏が同じように雅やかな響きで続いていくのである。カンツォーナ「恋とはどんなものかしら」は、古楽器のオーボエとファゴットで演奏されるが、その鄙びた響きには本当に心が和むのだ。モーツァルトの楽しい旋律と美しい優雅な響き、これこそ、究極のヒーリング・ミュージックだと思う。

また、「後宮からの逃走」は、やはり「序曲」が実に溌剌として楽しく、また、アリア「喜びの涙が流れるとき」のゆったりとした鄙びた味わいは、この団体ならではの素晴らしいものだと思う。

(三)モーツァルト　クラリネット五重奏曲、オーボエ四重奏曲、フルート四重奏曲 他

現代の木管楽器の音との聴き比べが楽しい演奏である。その鄙びた、ちょっと吹きにくそうな印象は、かえって新鮮に感じられるのである。

・クラリネット五重奏曲

最初に聴いた時、普段聴いているよりも低い音程で始まったことに驚いてしまった。クラリネットは、現代の楽器とあまり変わらない音で、優雅に淡々と演奏しているように聴こえる。そしてこの演奏の白眉は、第二楽章の1分34秒辺りや5分41秒辺りから始まるヴァイオリンの独奏である。バロック・ヴァイオリン（ガット弦を使用）とはとても思えない艶やかで美しい響きに、まさにうっとりと聴き惚れてしまうのだ。フランツヨーゼフ・マイヤーの技術と音楽性の高さにあらためて感心した次第である。

・オーボエ四重奏曲
オーボエは、現代楽器と比べて少し吹きにくそうな印象を受け、玉を転がすような演奏は難しいのでは、と感じたが、その鄙びた響きは格別で、とても味わい深いと思った。
・フルート四重奏曲
このフルートの音は、穏やかで鄙びた味わいが何とも素晴らしく、聴いていて本当に心が和むのだ。またフルート四重奏曲の第一番は、曲自体がとても明るく楽しいので、このＣＤの中では一番の聴きものだと思った。

モーツァルト「セレナード第9番」（ポストホルン）他　コレギウム・アウレウム合奏団（1976年 EMI　CC33-3724）

モーツァルト「木管八重奏曲〈フィガロの結婚〉」（ヨハン・ネポムク・ヴェント編）他　コレギウム・アウレウム合奏団（1978～1979年 BMG　BVCD-9013～9015）

モーツァルト「オーボエ四重奏曲＆フルート四重奏曲、クラリネット五重奏曲＆ホルン五重奏曲」（1975～1976年 BMG BVCD-38050～1）

透明で艶やかなボヘミアの弦の響き
――プラハ室内管弦楽団

つまみ食いCD
ドヴォルザーク「弦楽セレナード」他
ハイドン「交響曲第百番「軍隊」・第百一番「時計」」他

私は、ドヴォルザークの弦楽セレナードが大好きで、よく採り上げて聴いている。まさに美しい旋律の宝庫のような曲で、聴いていて気分が晴れ晴れとしてくる、とても貴重な曲なのだ。演奏は、バレンボイム／イギリス室内管弦楽団によるロマンティックな演奏、パイヤール／パイヤール室内管弦楽団による、羽毛のように美しい弦の響きを堪能できる演奏などがあるが、私はプラハ室内管弦楽団の演奏が最も素晴らしいと感じている。

プラハ室内管弦楽団は、原則指揮者を置かない団体なのだが、全くそれを感じさせないほど、見事に揃った演奏を展開している。それは、テンポや強弱だけでなく、細かい表情やニュアンスの変化に至るまで、実に見事に揃っているのだ。これは、ボヘミアの同じ空気を吸って育った人たち全員が、母国の大作曲家への尊敬の念を共感しながら演奏しているから、としか言いようがない。

それにしても、彼らの弦の音は何と美しいのだろう！　その美しさの特徴を言葉で表現することはなかなか難しいが、あえて言えば、「懐かしさを覚える、透明で艶やかなボヘミアの弦の響き」ということになるだろう。これは、前著で絶賛したウィーン・フィルハーモニー管弦楽団やシュターツカペレ・ドレスデンの弦とも異なる、ボヘミアの一種独特の弦の響きなのだ。二〇二三年一〇月のチェコ・フィルハーモニー管弦楽団の来日公演で聴いた弦も、まさに同じような響きをしていた。

第一楽章の冒頭の音を聴いた瞬間、その懐かしい響きにウットリとさせられてしまう。そして、第三楽章や第五楽章の速い曲でも、強靭なアンサンブルで一糸乱れず演奏し、しかもその音がとても艶やかで美しいのには驚いてしまう。

プラハ室内管弦楽団には、ハイドンの交響曲（第百番「軍隊」と第百一番「時計」他）の素晴らしい演奏もある。ここでも彼らは指揮者なしで演奏しているのだが、実に颯爽とした見事な演奏を繰り広げている。しかも、整然とした中にハイドン独特の茶目っ気さえも感じられるのだ。ここでも弦の美しさは格別だが、木管楽器の艶やかで美しい響きも素晴らしい。ハイドンの交響曲の演奏機会が少なくなった現代において、この演奏は最もストレートにハイドンの交響曲の素晴らしさを伝えてくれる、とても貴重な名演であると思う。

ドヴォルザーク「弦楽セレナード」他　プラハ室内管弦楽団（1993年　DENON　COCQ 85326）

ハイドン「交響曲第100番〈軍隊〉・第101番〈時計〉」他　プラハ室内管弦楽団（1982年　SUPRAPHON　COCO-6759）

第三章

あらためて「こだわりの曲」の理想の演奏を求めて

この上なく至純な天上の音楽
――モーツァルト「アヴェ・ヴェルム・コルプス」

つまみ食いCD

クロウバリー指揮／ケンブリッジ・キングズ・カレッジ合唱団 他（LONDON盤）

「アヴェ・ヴェルム・コルプス」（訳すと〝めでたしまことの御体《おんからだ》〟）は、モーツァルト最晩年の作品。モーツァルトの澄み切った心境を反映した、とても至純な曲で、この世のものとは思えないほど美しい。私には、あまりにも純粋過ぎて、まるで天上で天使たちが歌うような曲に聴こえるのだ。したがって、ここに人為的な要素は一切入ってはならず、ビブラートはもってのほか、ちょっとした息継ぎや音程の不揃いなどで、この曲の美しさはいとも簡単に壊れてしまうのだ。特に、十五小節目で四度、三十八小節目で五度、ソプラノが音程を上げるところが、最大の難所となっており、歌うのにこれほど難しい曲はないと考えている。

私は長い間、この曲の理想の演奏を探し続けてきたのだが、なかなか見つからなかった。そこで、ビブラートを排して歌う古楽の合唱団か、青少年聖歌隊の演奏を探すようになった。

そして、やっと理想にかなり近い演奏を見つけることができたのだ。クロウバリー指揮／ケンブリッジ・キングズ・カレッジ合唱団（LONDON盤）の演奏である。このCDでは、オーケストラではなく、控えめなオルガンの伴奏のみで清楚に歌われており、大聖堂の中での録音ながら、残響は思ったよりも少なく、各声部がかなり鮮明で美しく聴こえるところが素晴らしい。ビブラートは全くなく、音を真っ直ぐ伸ばして歌っており、特にボーイ・ソプラノの声が輝かしいほど美しい。難所の四度、五度上げる箇所も問題なく歌っており、最後の部分は神々しささえ感じるほどの美しさだ。ただし、五度上げるところで音量を上げているが、ここはそのままの音量でもよかったのでは、と個人的には感じている。

また、このCDの中に入っている、フランクの「天使のパン」も、ボーイ・ソプラノの透き通った美しい歌声を堪能することできて、素晴らしい。

一方、同じコンビではEMI盤の演奏もあるが、残響がかなり強くて各声部があまりはっきり聴こえず、また、五度上げるところで、ボーイ・ソプラノに少し乱れが生じている点が大変惜しいと思う。

モーツァルト「アヴェ・ヴェルム・コルプス」他　クロウバリー(指揮)／ケンブリッジ・キングズ・カレッジ合唱団（1996〜1997年 LONDON　POCL-1830）

一九六〇年前後の巨匠たちによるベートーヴェン

――交響曲第三番「英雄」（第一・第三・第四楽章）

つまみ食いCD

カイルベルト指揮／ハンブルク州立フィルハーモニー管弦楽団
マタチッチ指揮／チェコ・フィルハーモニー管弦楽団
フリッチャイ指揮／ベルリン・フィルハーモニー管弦楽団
カラヤン指揮／ベルリン・フィルハーモニー管弦楽団（一九六二年の録音）

ベートーヴェンの交響曲で好きな曲と言えば、前著で挙げた第六番「田園」、そして第三番「英雄」交響曲となるだろう。第三番は、巨大なスケールやダイナミックな展開など、従来の交響曲の枠を超えた、まさにエポック・メイキングな作品だからだ。特に、大らかで広々とした視野が感じられる第一楽章が、私は大好きだ。

CDはそれこそたくさん出ていて、どれを選ぶか本当に迷ってしまう。その中で、今私の心を捉えて止まないのが、一九六〇年前後の巨匠たちの演奏、オーケストラはドイツ系や東欧系の硬派でゴリゴリした演奏だ。

本来なら、フルトヴェングラー指揮／ウィーン・フィルハーモニー管弦楽団による演奏（いわゆる「ウラニアのエロイカ」一九四四年）を選ぶところだが、私はフルトヴェングラーの演奏を挙げるのに躊躇してしまうのだ。それは、あまりにも精神的に深い、心の奥底にグサリと突き刺さってくる演奏なので、どうしても襟を正して緊張しながら聴かざるを得なくなるからだ。「つまみ食い的鑑賞法」を勧める私としては、このような緊張の連続となる演奏は、なかなか推薦し辛いことになる。したがって、フルトヴェングラーを別格の第一位として神棚に上げながら、その他の演奏を紹介することとしたい。

㈠カイルベルト指揮／ハンブルク州立フィルハーモニー管弦楽団

第一楽章は、ゆったりしたテンポに乗って、硬派で引き締まった響きが聴こえる。カイルベルトは特別な指揮をしているわけではないので、最初は「特に特徴のない、普通の演奏だ」と感じてしまうのだが、演奏は徐々に熱を帯びてきて、5分31秒辺りから、実に硬派で充実した重厚な響きが一層はっきり聴こえてくるようになる。そして、最後は爆発的な音の洪水となって聴き手に迫ってくる。これはまさに、ドイツ人によるドイツのオーケストラの「英雄」だ。これこそ、私が理想とするベートーヴェンの響きだ。何と重厚でゴツゴツした、体にズッシリと響く音だろう。そして所々現れるティンパニも効いている。また、一人涼し気に響くオーボエも、この時期のドイツのオーケストラの特徴だろう。

第三楽章・第四楽章も、実に硬派で重厚なドイツの音の連続で、さらに熱量を増している（第一楽章も最初からこのような演奏であればと思うのは、欲張りな要求かもしれない）。いずれにしても、こんな響きは最近滅多に聴かれなくなってしまったと思う。最近のベルリン・フィルハーモニー管弦楽団などのドイツのオーケストラのベートーヴェンは、確かにそれらしく重厚に聴こえるのだが（しかも技術は抜群！）、根源的な迫力、張り詰めた緊張感が足りないように感じるのだ。その点、このカイルベルトの演奏は現代のドイツのオーケストラとは次元が異なる「ドイツ的な演奏」と言ってよいと思う。是非一度、一九六〇年前後のドイツのオーケストラによるベートーヴェンを聴いていただきたい。そうすれば、あなたのベートーヴェン像が変わるかもしれないと思う。

なお、カイルベルト盤は一九五六年の古い録音ながら、クラシックCD通販ショップであるアリアCDのCD—Rで聴くと、とても鮮明な音で鳴っており、鑑賞に全く問題ないと思う。ただし、このCD—Rを手に入れるためには、会員にならなければならないので注意が必要である。

(二)マタチッチ指揮／チェコ・フィルハーモニー管弦楽団

まさに豪快で重厚な「英雄」だ。第一楽章冒頭の二つの和音から響きの充実が他の演奏と全く違う。主部はゆったりしたテンポながら、所々アクセントを効かせた豪快でゴツゴツした響きを堪能できる。特にここぞという時のティンパニとトランペットが効いている。第三楽章・第四楽章も第一楽章と同様、実に豪快な演奏で、聴いていて心が晴れ晴れとしてくる。特に第四楽章終わりのホルンの重奏は、マタチッチ盤が一番豪快に聴こえる。やはり「英雄」はこうでなければ、と思う。

今マタチッチの演奏を聴きながら原稿を書いているのだが、カイルベルト盤に代わってこの演奏を第一に推してもよいのかな、と思い始めた。マタチッチの演奏は半端ない豪快さが実に見事で分かり易く、聴いていて気分が爽快となるからだ。その点、カイルベルトの演奏は、指揮者の特徴が滋味であり、何度か聴いている内に、その重厚で引き締まった響きの素晴らしさが分かってくるタイプに感じられる。でも、その良さが分かると、なくてはならない貴重な存在となってくるのだ。できればカイルベルトとマタチッチの二つの盤を揃えて聴き比べていただきたい。どちらもあなたの宝物になるのでは、と思う。

なお、CDは、コロンビア盤も十分素晴らしい音なのだが、私はカイルベルトと同様、アリアCDによるCD―Rを愛聴している。音の鮮度がかなり上がっていると感じるからだ。

㈢フリッチャイ指揮／ベルリン・フィルハーモニー管弦楽団

フリッチャイの演奏は、全般に整然とした見通しの良い演奏で、聴こえて来る響きは、硬派で緊張感溢れる、まさにドイツのオーケストラの響きだ。フリッチャイは、第一楽章では特に変わった表現をしているわけではないのだが、途中から徐々に熱量を上げていく表現は、カイルベルトによく似ていると思う。一九五八年の録音で、まだフルトヴェングラーが亡くなって四年しか経っていないのだが、見事なステレオ録音により、当時のベルリン・フィルハーモニー管弦楽団の硬派な響きを心行くまで堪能できるのが嬉しい。特に、全編で聴こえるオーボエの涼しげな響きが美しい。また第三楽章では、硬派ながらコクが感じられるホルンの重奏や、ここぞとばかり強打するティンパニがことのほか素晴らしいと思った。そして第四楽章の後半は、さらに熱量が上がり、コーダでのホルンの強奏は見事というほかない。本当にこの時代のベルリン・フィルハーモニー管弦楽団は素晴らしい。CDは、TOWER RECORDSの企画盤をお勧めしたい。従来出ていたグラモフォン盤よりも、音の鮮度がはるかに向上していると感じられるからだ。

(四)カラヤン指揮／ベルリン・フィルハーモニー管弦楽団(一九六二年の録音)

アンチ・カラヤンを自認する私が、ここでカラヤンの演奏を挙げるのにはかなり躊躇したのだが、演奏があまりにも素晴らしいので、むしろ自信を持ってここに挙げる次第である。この演奏でのカラヤンは、全編にわたり余計な思い入れなく、ストレートに曲を展開していく。それに応えるベルリン・フィルハーモニー管弦楽団が実に素晴らしい。まさに硬派のドイツのオーケストラの典型の音だ。重厚でゴツゴツした、緊張感溢れる響きは、最近のベルリン・フィルハーモニー管弦楽団には聴くことのできない響きだと思う。この響きを聴くだけでも、十分意味のある演奏だと思う。さらに、第三楽章・第四楽章は、まるでライヴ演奏のように燃えに燃えた高揚感が感じられる。先に挙げたハンブルク州立フィルハーモニー管弦楽団（カイルベルト盤）もそうなのだが、硬派で重厚な響きの中で、オーボエがクッキリと実に涼しげに鳴り響く。これが、一九六〇年～一九七〇年のドイツのオーケストラの特徴の一つなのだろう（オーボエの素晴らしい演奏については、前著の一六八―一六九頁「ブラームスのヴァイオリン協奏曲」でも指摘したので、ご参照いただきたい）。

カラヤンの一九五〇年～一九六〇年前半は、フィルハーモニア管弦楽団やウィーン・フィルハーモニー管弦楽団との一連の演奏で、若々しく感受性豊かな表現を行なっており、私はこの時期のカラヤンが大好きだ。しかしながら、その後カラヤンはこのような表現からどんどん遠ざかってしまった。多くの人が大絶賛するブルックナーの交響曲第七番（一九八九年、ウィーン・フィルハーモニー管弦楽団との最後の演奏会）は、まさに金ピカの金閣寺を思わせるような演奏で、素朴な自然の世界を基調とするブルックナーの真髄から最も離れた演奏だと思う。彼が外面華麗・内容空疎な演奏（カラヤン・ファンの人にはゴメンなさい）に向かっていったのは、オーケストラの経営や映像技術への傾倒といった、多面な才能があり過ぎたからだろうと思う。この才能過多による弊害はバレンボイムについても言えることだと思う（バレンボイムについては、前著の一四七－一四八頁「ドイツレクイエム」に書いたので、ご参照いただきたい）。

・ベートーヴェン「交響曲第３番〈英雄〉」

カラヤン（指揮）／ベルリン・フィルハーモニー管弦楽団（1962年　ドイツ・グラモフォン　UCCG-5302）

カイルベルト（指揮）／ハンブルク州立フィルハーモニー管弦楽団（1956年　ARIA RECORDS　AR-0025）

マタチッチ（指揮）／チェコ・フィルハーモニー管弦楽団（1959年　ARIA RECORDS　AR-0101）

フリッチャイ（指揮）／ベルリン・フィルハーモニー管弦楽団（1958年　TOWER RECORDS　PROC-1263/6）

美しい旋律がこんこんと湧き出てくる室内楽曲の傑作

――メンデルスゾーン「ピアノ三重奏曲第一番」

つまみ食いCD
アリスタ・トリオ
ウィーン・ベートーヴェン・トリオ

メンデルスゾーンのピアノ三重奏曲第一番は、美しい旋律が滾々《こんこん》と湧き出てくる、聴いていてワクワクする曲である。まさに美しい旋律の宝庫であり、メンデルスゾーンのメロディー・メーカーとして才能をいやがうえでも感じざるを得ない曲だ。短調の曲ながら、哀しみはあまり感じられず、むしろ心が和み、楽しささえ感じられるのである。

第一楽章冒頭のチェロの歌を聴いただけで、すぐに曲の魅力に引き込まれてしまうだろう。そして、曲の美しさと推進力に聴き惚れている内に、あっという間に第一楽章が終わってしまうことになる。第二楽章では心のこもったしっとりとした歌が聴かれる。第三楽章は実に溌剌としたスケルツォ、そして第四楽章は、メンデルスゾーンの才気が爆発したような推進力満点の曲で、演奏するほうも聴くほうもついつい熱くなってしまうのである。

名曲なだけに、カザルス・トリオ盤（一九二七年）、スーク・トリオ盤（一九六六年）、チョン・キョンファ盤（プレヴィンとの共演の一九七八年盤とチョン・トリオの一九八七年盤）、ボザール・トリオ盤（一九八五年）など、名演が目白押しであり、選ぶのに苦労するほどだ。その中で、私はアリスタ・トリオ盤とウィーン・ベートーヴェン・トリオ盤の二つを選ぶことにした。実は、ピアノのセンスと巧さが際立つチョン・トリオ盤（一九八七年）も挙げようかと思ったのだが、チェロが少し弱いと感じたのと、録音が私の装置では少し高音寄りに聴こえることから、残念ながら外すことにした。

(一)アリスタ・トリオ

私は長い間、アリスタ・トリオ〔鳥羽泰子（ピアノ）、フロシャウアー（ヴァイオリン）、フリーダー（チェロ）〕の演奏を愛聴してきており、いまだにこれを超える演奏はないのではないか、と考えている。というのも、ピアノが実に秀逸で、その洒落たセンスと才気溢れる演奏が実に素晴らしいからだ。第一楽章・第三楽章・第四楽章は、ピアノが主導権を握り、音楽をぐいぐい推進させていく爽快さがある。また、第四楽章は、三者（特にピアノ）が猛烈なエネルギーで丁々発止の演奏を繰り広げていて実に見事だ。一方、第二楽章では、実にしっとりとした心からの歌を歌っており、その美しさにはうっとりするばかりだ。

ちなみに、ここでヴァイオリンを弾いているフロシャウアーは、今やウィーン・フィルハーモニー管弦楽団の楽団長の地位にあり、二〇二〇年のコロナ禍で日本ツアーを敢行するなど、なかなか大胆な行動を取る楽団長としても知られている。

(二)ウィーン・ベートーヴェン・トリオ

この曲は、アリスタ・トリオ盤一枚で十分、と思っていたところ、最近もう一つ別の盤を愛聴するようになってきた。それは、ウィーン・ベートーヴェン・トリオ〔カライェーヴァ(ピアノ)、ヴォルフ(ヴァイオリン)、ペニー(チェロ)〕の演奏である。私もそれなりに歳を取り、また闘病生活を経験することによって、私の音楽の聴き方が少し変わってきたのかもしれない。

この演奏は、アリスタ・トリオの演奏よりも落ち着いた雰囲気が感じられ、一人一人が強く自己主張することなく、全体のバランスを保ちながら演奏しているところが素晴らしいと思った。第一楽章は、アリスタ・トリオよりもゆっくりしたテンポで歌っているし、第二楽章はゆったりしたテンポで心からの歌を歌っており、その優雅な歌の美しさは格別だと思った。第三・第四楽章の速い曲でも、優雅な歌が聴こえてくるところがこのトリオらしい。第四楽章は三者が熱くなりながらも、爆発する寸前で踏み留まり、バランスを崩していないところも素晴らしいと思った。

メンデルスゾーン「ピアノ3重奏曲第1番」他　アリスタ・トリオ（2003年　ART UNION ART3080）

メンデルスゾーン「ピアノ3重奏曲第1番」他　ウィーン・ベートーヴェン・トリオ（1990年　CAMERATA　25CM-141）

ブラームスにしては珍しい明るく牧歌的な交響曲

――ブラームス「交響曲第二番」（第一楽章、第三楽章）

つまみ食いCD

エーリヒ・ベルゲル指揮／トランシルヴァニア・フィルハーモニー管弦楽団
ハイティンク指揮／コンセルトヘボウ管弦楽団
レヴァイン指揮／ウィーン・フィルハーモニー管弦楽団 他

ブラームスの四つの交響曲の中で、私が最も好きだったのは第四番だった。人生を顧みるような寂寥感溢れる曲想がとても好きだったからだ。しかしながら、闘病生活を続けるようになると、明るく牧歌的な曲想の第二番に食指が動くようになってきたのである。普通は年齢を重ねると、第四番を好きになる人が多いと思われるのだが、私の場合は反対の方向に向かったことになる。

交響曲第二番は、ブラームスが南オーストリアの風光明媚なヴェルター湖畔で休暇を過ごす間に一気に書き上げたもので、流れるような美しい旋律に溢れており、聴いていて心が晴れ晴れとしてくるのである。

私は、第一楽章第二主題の哀愁を帯びた美しい旋律（チェロとヴィオラで演奏される）と、第三楽章のオーボエによって演奏される穏やかで美しい旋律が特に好きで、気分が落ち込んだ時、この両楽章を聴くようにしている。

この曲の定番のCDとして、モントゥー指揮／ロンドン交響楽団の演奏（一九六二年）を挙げる評論家が非常に多い。私も多感な中高生時代から、ブラームスの二番と言えば、モントゥーの演奏（と後述のボールトの演奏）ばかり聴いてきたのである。今聴き直してみても、モントゥーの地味豊かで格調高い演奏は本当に素晴らしいと思うのだが、第一楽章のフォルテの箇所で、急に音量を上げるところが気になってきたのである。これでは、穏やかで流れるような曲想には合わないのではないか、と感じ始めたのだ。そこで、最近私の心を捉えて離さない素晴らしい演奏に出会ったので、まずそちらのほうを紹介したい。

㈠エーリヒ・ベルゲル指揮／トランシルヴァニア・フィルハーモニー管弦楽団

ルーマニアの、全く聞いたこともない指揮者とオーケストラによる演奏を真っ先に上げるとは、「また変化球を狙っているのか？」と叱られそうだが、本当に大らかで美しくて素晴らしいブラームスであり、世のブラームス好きの人たちにも是非聴いていただきたいと思い、採り上げた次第である。

ベルゲルの演奏は、実に自然で流れの良いテンポで、じっくりと丁寧に演奏されるブラームスである。オーケストラの響きも実に透明かつ柔らかで、本当に美しいのだ。名も知らないオーケストラがこんな美しい響きを出すのか、とビックリされる方も多いだろう。

第三楽章のオーボエも実に柔らかく穏やかに演奏しており、ホッと心が和む。この第三楽章のオーボエは、他のどの演奏よりも、素晴らしいと感じている。

私たちは、ベルゲルとオーケストラが作り出す、ゆったりした大らかな演奏に体を預けて聴くことで、至福の時を過ごすことができると思う。

このベルゲルのブラームスの交響曲第二番は、後述のハイティンクやレヴァインの演奏と同等か、あるいはそれらを上回る名演だと思うのだが、三枚組のハンガリー盤で手には入り難いのが難点と言えるだろう。他の第一番・三番・四番も、第二番と同様にじっくり丁寧に演奏された超名演ばかりである。特に第四番第二楽章（前著、八三頁で採り上げたナヌートの演奏で称賛した箇所）は実にしみじみと心を込めて歌っており、本当に素晴らしい。

ベルゲルのCDをどうしても購入されたい方は、中古で気長に探すか、通販ショップのアリアCDに問い合わせてみるとよいだろう。ちなみに、私はアリアCDを通して購入したと記憶している。

㈡ハイティンク指揮／コンセルトヘボウ管弦楽団

このCDは、ハイティンクの指揮を聴くよりは、コンセルトヘボウ管弦楽団の熟成されたいぶし銀のような響きを味わうための演奏だろう。柔らかくブレンドされた豊穣な響きは、夕映えのほの暗さを漂わせており、本当に素晴らしいのだ。演奏はどこまでも自然な流れで澱みなく進み、弦も木管もホルンも本当に美しい響きを出している。第一楽章の美しい第二主題も、控えめな表現ながら良く歌っているし、第三楽章のオーボエは、ほどよいテンポで優しく歌っていて好感が持てる。

世の音楽評論家は、ハイティンクを高く評価しない人が多いが、私は、コンセルトヘボウ管弦楽団の熟成された豊饒な響きを作り上げた、という点で、高く評価したいと思う。特に、一九七〇年～一九八〇年は同コンビの絶頂期にあり、シューマンやチャイコフスキーの交響曲全集など、実に素晴らしい録音を残している。

㈢レヴァイン指揮／ウィーン・フィルハーモニー管弦楽団

このCDも、レヴァインの指揮を聴くよりは、ウィーン・フィルハーモニー管弦楽団の美しい響きを味わうための演奏となるだろう。コンセルトヘボウ管弦楽団がマスの美しさとすれば、ウィーン・フィルハーモニー管弦楽団は個々の楽器の美しさを堪能することになると思う。弦も木管も、ウィーン・フィルハーモニー管弦楽団特有の美しい響きを保持しており、まさに耳のご馳走となるのだ。レヴァインの指揮は、ハイティンクよりも積極的な表現も見られるが、全体としてとてもしなやかに流れるように演奏していると思う。第一楽章第二主題の美しい旋律も、少し控えめな表現ながら、チェロやヴィオラがよく歌い、その音色の美しさが際立っている。一方、第三楽章のオーボエは、控えめな表現ながら、とても綺麗に歌っていて素晴らしい。

ハイティンクもレヴァインも、特別な表現をすることなく、オーケストラ固有の魅力を最大限に引き出すことに成功している点が素晴らしいと思う。

ベルゲル盤、ハイティンク盤、レヴァイン盤の三つのCDが、現在私が「最高に美しくて感動的で素晴らしい演奏」と考えているが、その次に続く名演として、五つのCDを挙げることとしたい。

(四)ボールト指揮／ロンドン・フィルハーモニー管弦楽団

ボールトの演奏は、録音のせいか、全体として柔らかで温かい演奏に感じられる。第一楽章はかなり早めのテンポで澱みなく流れている。「澱みない流れ」という点では、この演奏が一番素晴らしいと思う。第一楽章のフォルテの箇所では、やはり音量を上げているが、自然の流れの中でのことであり、特に気にならない。一方、第三楽章のオーボエはゆったりしたテンポでよく歌っていて素晴らしいと思った。

ボールトのCDは、先に挙げた三つの演奏（ベルゲル、ハイティンク、レヴァイン）に比べると、オーケストラ独特の魅力が特に感じられなかったので、残念ながら順位を下げざるを得なかった。しかしながら演奏の水準の高さは前三者と十分対抗できる素晴らしいものだと思う。

㈤モントゥー指揮／ロンドン交響楽団

モントゥーのCDは、世の音楽評論家が大絶賛する定番中の定番の演奏だ。確かに、いぶし銀の響きで、地味豊かに、格調高く歌った、本当に素晴らしいブラームスである。ただし、第一楽章のフォルテの箇所（1分40秒辺りと3分24秒辺りなど）で急に音量を上げ（時にはアクセントを付けて）演奏しているところが、私には気になるのである。当時八十七歳（死の二年前）のモントゥーは、オーケストラに対して強弱やテンポの変化を強い意志を持って指示していると感じられ、「枯淡の境地」というよりは、「元気一杯のおじいちゃん」という印象を受けてしまうのである。その結果、このフォルテの箇所で、「穏やかで流れるような曲想」とは異なる印象を、私は感じてしまうのである。

㈥スウィトナー指揮／シュターツカペレ・ベルリン

スウィトナーのブラームスは、とても控えめな表現ながら、柔らかくしなやかに演奏している。第一楽章のフォルテの箇所も自然の流れの中で音量を上げており、それほどうるさくは感じられない。第一楽章第二主題の美しい旋律も、テンポを落とさずとても慎ましやかに演奏している。録音の関係なのか、各楽器が明晰に分かれて聴こえるのではなく、マスとして響いてくるように聴こえる。それでもフルート、オーボエ、ホルンはとても綺麗な音を出しているのが分かる。

第三楽章では、自然なテンポの中、オーボエがとても綺麗に歌っている。オーボエの音がかなり明瞭に聴こえるという点では、この演奏が一番だと思う。

㈥カイルベルト指揮／ベルリン・フィルハーモニー管弦楽団

一九六〇年前後のベルリン・フィルハーモニー管弦楽団の重厚でピラミッド型の響きを堪能できる演奏である。弦や金管の響きはかなり重厚に感じられるが、全体としてしみじみとよく歌っているのが特徴だ。フルート、オーボエなどの木管楽器も実に綺麗な響きを出している。

第一楽章のフォルテの箇所は強めにゴツゴツ響くので、私の好みではない演奏なのだが、一方で第一楽章の美しい第二主題では、実に大らかによく歌っていて素晴らしい。

第三楽章は、実にゆったりしたテンポでオーボエが優しく歌っている。このゆったりしたテンポこそ、第三楽章の美しさが生きると思う。

いずれにしても、一九六〇年前後のベルリン・フィルハーモニー管弦楽団の重厚な響きを堪能できる、貴重な演奏ということができるだろう。私にとっては、掘出し物の名演だ。

(七)ティーレマン指揮／シュターツカペレ・ドレスデン

シュターツカペレ・ドレスデンの、よくブレンドされた美しい響きを堪能できる演奏だ。そこに澄み切った音場の広がりを感じさせるところがドレスデンらしいと思う。全体として、職人気質のティーレマンがテンポの動きを細かく指示しており、指揮者の強い意思を感じさせる演奏となっている。その結果、オーケストラの響きはとても素晴らしいのだが、「流れるような演奏」という点では、ハイティンクやレヴァイン、ボールトのほうが上ではないか、と思うのである。第三楽章のオーボエの柔らかい響きがとても素敵だったので、実に惜しい気がする。

・ブラームス「交響曲第2番」

カイルベルト(指揮)/ベルリン・フィルハーモニー管弦楽団(1950年代後半〜1960年代前半　TELDEC　WPCS-6050)

ボールト(指揮)/ロンドン・フィルハーモニー管弦楽団(1971年　EMI　TOCE-13443)

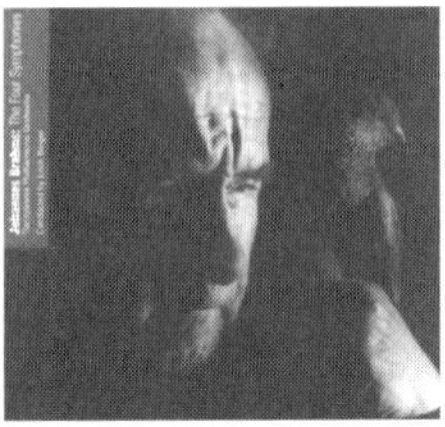

ベルゲル(指揮)/トランシルヴァニア・フィルハーモニー管弦楽団(録音年代不詳　BMC　CD067)

ティーレマン(指揮)/シュターツカペレ・ドレスデン(2013年　ドイツ・グラモフォン　00289 479 2787)

モントゥー(指揮)/ロンドン交響楽団(1962年　PHILIPS　UCCP-9479)

ハイティンク指揮/コンセルトヘボウ管弦楽団(1975年　DEECA　478 2365)

スウィトナー(指揮)/シュターツカペレ・ベルリン(録音年代不詳　Ars Vivendi　2100134)

レヴァイン(指揮)/ウィーン・フィルハーモニー管弦楽団(1995年　ドイツ・グラモフォン　POCG-9778)

忘れられた作曲家にもこんな美しい名曲が
――ラインベルガー「オルガン付き室内楽曲作品一四九番、一六六番」

つまみ食いCD
メリナ・マンドッツィ（ヴァイオリン）他
エレーナ・デニーソヴァ（ヴァイオリン）他

ラインベルガー（一八三九―一九〇一年）は、リヒテンシュタイン生まれの作曲家で、主にドイツで活躍した人である。作品は宗教曲、歌曲、オルガン曲、室内楽が多く、生前はかなり人気が高かったようだが、没後はほとんど忘れられてしまい、最近になってようやくその真価が見直されてきた人である。したがって、出ているCDの数もまだ少ないようだ。

私がラインベルガーの音楽に初めて接したのは、せいぜい四〜五年前だったと思う。彼の、「オルガン付きの室内楽曲作品一四九番、一六六番」を初めて聴いた時、そのあまりの美しさにビックリしたのである。「世の中にこんな美しい曲がまだ残っていたのか！」と驚くとともに、とても嬉しく感じたのである。その美しさを言葉で説明するのは難しいが、あえて言えば「オルガンが慎ましやかに伴奏する中で、息の長いロマンティックで美しい旋律が連続する」ということになるだろう。

皆さんに、是非ラインベルガーの素晴らしさを知っていただきたいと思い、二つのCDをご紹介する次第である。

(一)メリナ・マンドッツィ(ヴァイオリン)他

まず、彼の傑作「作品一四九番」が入っているメリナ・マンドッツィ盤を挙げたい。この曲は、ヴァイオリン、チェロ、オルガンによる三重奏曲で、美しい旋律が滾々と現れるという点で、メンデルスゾーンのピアノ三重奏曲に似た性格の作品だと思う。どの楽章も本当に美しいのだが、特に、冒頭のロマンティックで力強い旋律が印象的な第一楽章と、哀愁を帯びた美しい旋律が続く第三楽章が素晴らしい。

この美しい作品は、もっと日本で演奏されても良いのでは、と思う。ただし、この曲の本当の美しさを表現するには、壮大なオルガンを持つ響きの美しい教会で演奏することが望ましいと思われ、日本では難しいのかもしれない。

さて、このメリナ盤は、作品一六六番も入っているが、ヴァイオリンの線が細いと感じられ、次に掲げるエレーナ盤のほうが優れていると思ったので、一六六番に関しては、そちらのほうをご参照いただきたい。

(二)エレーナ・デニーソヴァ(ヴァイオリン)他

作品一六六番は、ヴァイオリンとオルガンによる二重奏曲で、ヴァイオリン・ソナタのオルガン版とも言える作品である。第一楽章は、ヴァイオリンが悲しげだが力強い旋律を歌い続ける曲、第三楽章はヴァイオリンが哀愁を帯びたとても美しい旋律を歌い続ける曲で、どちらも本当に素晴らしい。

ラインベルガーには、ミサ曲やオルガン曲などたくさんの作品があるが、私はほとんど未聴である。もっと彼の優れた作品を聴いて、彼の魅力を皆さんにご紹介できれば、と考えている次第である。

ラインベルガー「オルガン付き室内楽曲作品149番、166番」他　メリナ・マンドッツィ(ヴァイオリン)他(CD&SACD　2007年　Carus-Verlag　Carus 83.411)

ラインベルガー「オルガン付き室内楽曲作品166」他　エレーナ・デニーソヴァ(ヴァイオリン)他(1997年　ARTE NOVA 74321 58965 2)

まるで桜の花のような儚くも美しい曲

――グノー「ファウスト」より　バレエ音楽「トロイの娘たちの踊り」

つまみ食いCD

フリッチャイ指揮／ベルリン放送交響楽団
プレートル指揮／パリ国立歌劇場管弦楽団
プラッソン指揮／トゥールーズ・キャピトル国立管弦楽団

グノーの「トロイの娘たちの踊り」は、二分ぐらい（長くても三分以内）で終わってしまう、とても短い曲である。非常に美しい曲なのに、短時間で終わってしまう、まさに桜の花のような儚い曲なのである。グノーはなぜもっと長い曲にしなかったのだろう、と残念でならない。

私はこの曲が大好きで、良い演奏を求めてＣＤを探し続けたのだが、なかなか良い演奏に巡り会えなかった。クリュイタンスなどのフランス系の指揮者は概してテンポが速過ぎて楽しめないし、期待していたビーチャムもテンポが速かった。バーンスタイン／ニューヨーク・フィルハーモニー管弦楽団の演奏は、ゆったりとロマンティックに歌う演奏でとても魅力的なのだが、少しテンポが遅い気がした。試行錯誤を続けるなか、やっと辿り着いたのが、フリッチャイ指揮／ベルリン放送交響楽団、プレートル指揮／パリ国立歌劇場管弦楽団、プラッソン指揮／トゥールーズ・キャピトル国立管弦楽団の三つの演奏である。

㈠フリッチャイ指揮／ベルリン放送交響楽団

フリッチャイの演奏は、序奏はかなりゆっくり始められるが、主部の美しい旋律に入ると、速からず、遅からず、まさに私が理想とするテンポで進められていく。オーケストラもとても優美に歌っている。そして、最後は名残惜しむようにゆっくりと終わるのである。やはりこの曲の終わり方はこうでなくては、と思うのだ。

なお、フリッチャイの演奏は、TOWER RECORDS盤の「オペラのバレエ音楽」というCDがお勧めである。従来の盤と比べて音が鮮明で、しかも柔らかくなっているからだ。そのため、ヴァイオリンのしなやかさが増し、背後のハープやホルンもほのかに浮かび上がってくる。これが一九六〇年の録音とは思えないほどだ。

㈡プレートル指揮／パリ国立歌劇場管弦楽団

プレートルの演奏は、主部はかなり速めのテンポだが、しなやかによく歌った演奏で、弦の響きも非常に綺麗だ。そして、44秒辺りと1分29秒辺りでほんの少し「ため」を作っている所が素晴らしいと思う。私はここで、胸がキュンとしてしまう。

なお、プレートルの演奏は、ジョルジュ・プレートルの八十歳を記念したアルバム（Album du 80e Anniversaire Georges Pretre）の中に入っている。

㈢プラッソン指揮／トゥールーズ・キャピトル国立管弦楽団

プラッソンの演奏はいちばんフランスらしい、繊細で美しい演奏なのだが、テンポはかなり速い。最後も実にあっさりと終わってしまう。まさに「儚い」演奏なのである。弦の響きが非常に美しいので、もっとテンポが遅ければ、私は第一に推すことができたのでは、と思う。

なお、プラッソンの演奏は、オペラ「ファウスト」全曲のCD三枚組の最後に、「バレエ音楽集」として入っており、入手するには負担が大きいかもしれない。でも、私はこのセットを中古店で九〇〇〇円の安さで手に入れることができた。

グノー「ファウスト」より　バレエ音楽「トロイの娘たちの踊り」他　フリッチャイ(指揮)／ベルリン放送交響楽団（1960年　TOWER RECORDS　PROC-1274）

グノー「ファウスト」より　バレエ音楽「トロイの娘たちの踊り」他　プレートル(指揮)／パリ国立歌劇場管弦楽団（録音年代不詳　EMI　7243 5 86114 2 7）

グノー「ファウスト」より　バレエ音楽「トロイの娘たちの踊り」プラッソン(指揮)／トゥールーズ・キャピトル国立管弦楽団(1991年　EMI　5 56224 2)

ロマンティックな弦楽四重奏曲の傑作
――ボロディン弦楽四重奏曲第二番（第一楽章・第三楽章）

つまみ食いCD
ボロディン弦楽四重奏団

この曲は、ボロディンが、ピアニストのエカチェリーナにプロポーズした二〇周年記念に彼女に献呈した曲である。結婚記念日ではなく、プロポーズの記念日に献呈したとは、何とロマンティックなことだろう！

したがって、気分がとても落ち込んだ時にこの曲を聴くと、私はピアニストの家内との出会いの頃を思い出して、とても幸せな気分になれるのである。

有名な第三楽章「ノクターン」は、まさにロマンティックな気分の極みのような曲だ。冒頭のチェロによる、あまりにも美しい旋律にまずはうっとりしてしまう。その後、第一ヴァイオリンが同じ旋律をとても美しく演奏をするのだ。

このように、第三楽章がことのほか美しいのだが、実は私は第一楽章のほうが好きなのだ。抒情的で美しい旋律をチェロが静かに弾き始め、ヴァイオリンへと移っていく、その過程を聴いただけで、私は既に陶酔の世界に入ってしまうからだ。その後は濃厚でロマンティックな歌の連続にただ身を浸すだけとなってしまう。

演奏は、ボロディン弦楽四重奏団のCD（一九六二年）が一枚あれば十分と考えている。この演奏は、テンポ、強弱、表情付け、ニュアンスの変化、四人による合奏の正確さなど、どれを取っても「理想的な演奏」と考えるからだ。私は学生時代からこの演奏の虜になっており、他の演奏はほとんど受け付けなくなってしまったのである。

ボロディン「弦楽四重奏曲第2番」他　ボロディン弦楽四重奏団（1962年　DECCA　425 541-2）

ベトナム戦争を背景とした映画「ディア・ハンター」のテーマ曲——カヴァティーナ

つまみ食いＣＤ

毛塚功一「名曲演奏の手びき Part II」

私は六十代になってから、クラシック・ギターを習い始めた。それまでは、リコーダーを習っていたのだが、単音で音の幅が狭く、自分がこのような表現をしたい、と思ってもできない楽器であることが分かり、途中で飽きてしまったのだ。一方、ギターなら、旋律と伴奏を自分一人でできて、より自由な表現も可能となるのではないかと思い、ギターを始めたのである。しかし、六十歳からの手習いは厳しかった。生来の練習嫌いもあって、なかなか上達せず、どうしようかなと思っていた時に、がんが発症してしまったのである。

カヴァティーナは、先生が目の前で弾いてくれた曲で、心の琴線に触れる美しい響きにうっとりしたのだが、伴奏部分が物凄く難しいことが分かり、自分で弾くのはずっと先になってからだな、と思っていた。そんな中で、先生に紹介していただいたのが、「名曲演奏の手びき」というCDだった。その中に入っている「カヴァティーナ」がことのほか素晴らしく、ここに挙げさせていただいた次第である。

カヴァティーナは、あまりにも美しい曲なので、多くのギタリスト、たとえば日本人では荘村清志、福田進一、村治佳織など、錚々たる人たちが録音している。しかし、この曲がテーマ曲となっている映画「ディア・ハンター」の内容を知るにつけ、ロマンティックで美しい演奏を、私は敬遠するようになってきた。

映画「ディア・ハンター」（一九七八年）は、ベトナム戦争を背景とした映画で、徴兵の壮行会で「必ず戻ってこよう」と約束した三人（マイケル、ニック、スティーブン）の友人たちの中で、まともに戻ってきたのはマイケルだけだった。彼の凱旋帰国を祝うために集まった友人たち。でもマイケルはどうしても会に参加できず、近くのモーテルで悶々と苦悩の表情を浮かべる。そんな時に流れるのが、このカヴァティーナなのである。そこには、甘いロマンティックな感情など微塵もない。

演奏は、この映画でギターの伴奏を務めたジョン・ウィリアムズが一番良いはず、と思っていた。彼は映画の内容を知り尽くした上で演奏しているからだ。確かに、淡々とした中に彼特有の美音を響かせ、心に迫ってくる演奏を繰り広げている。しかしながら、私はそれでも、少々ロマンティック過ぎるのでは、と感じてしまう。

一方、ここで紹介する毛塚功一氏の演奏は、テンポも表情もほとんど動かさず、まさに淡々と弾いているのである。このCDは、ギター愛好家の模範となるような演奏を意識し、個性溢れる演奏を避けたためだろう。そして、その淡々とした演奏こそ、映画「ディア・ハンター」に相応しい、と思うのである。

このCDで、もう一つ気に入っている曲がある。ポンセの「バレット」という曲だ。バロック風の、とても素敵な佳曲で、私は毛塚氏のCDを聴く時は、真っ先にこの曲を聴くことにしている。実は、セゴビアは長い間この曲を「ヴァイスの作品」として演奏していたのだが、セゴビアとポンセによる曲であることが判明した、というエピソードがある。そんなエピソードもさることながら、私は何度でも聴きたい大好きなギター曲として、この曲を真っ先に紹介したいのである。

「名曲演奏の手びき Part II」カヴァティーナ 他　毛塚功一（ギター）（録音年代不詳　現代ギター社　GGBD2004-5）

猫を思い浮かべながら聴く曲
──ショパン「ワルツ作品三四─三　華麗なる円舞曲」（通称「猫のワルツ」）

つまみ食いCD
ヴァーシャーリ「ショパン　十七のワルツ」
ケイティン「ショパン　ワルツ集」
楊麗貞「ショパン　ワルツ集」

私は自他共に認める無類の猫好きである。自宅には、キララと寅次郎という二匹の雄猫（いずれも、本書出版当時七歳）を飼っており、それこそ目の中に入れても痛くないほどかわいがっている。私のスマホは夥しい数の彼らの写真で溢れており、その中から気に入った写真を頻繁にフェイスブックにあげているほどだ。

最初の猫たちは、香港駐在時代に香港動物愛護協会（といった名称の団体だったと思う）で出会った雄の保護猫（さまざまな事情で、動物愛護センターや保健所、保護団体などに預けられ、里親として新たな飼い主を探している猫たちのこと）のレオと寅助だった。私にとって赤ん坊の時から育てた初めての猫たちだったので、正しい食事の与え方などよく分からず、彼らが欲しがるものをそれこそ食べたい放題与えていた。そのためか、彼らは十四歳前後で（猫の平均寿命に満たない歳で）、いずれも腎不全（猫特有の病気）で亡くなってしまった。「もっと早くから適切な食事を与えていたら、彼らはこんなに苦しまなくても済んだのに」と後悔するばかりだった。

しばらくはペット・ロスの痛烈な苦しみを味わったが、「ずっと過去ばかり見ていないで、前を向いて生きよう」と考え、現在の二匹の雄猫キララ（雑種）と寅次郎（ベンガル）を飼うことにしたのである。二匹とも「レオと寅助に似た子が欲しい」と思い、ネットで必死に探して見つけた猫たちである。

家に来たばかりのキララと寅次郎（右、0歳）

キララは保護猫で、母親がどこかに行っている間に、キララを乗せたトラックが移動してしまい、トラックの上でピーピー鳴いている仔猫として保護された。

寅次郎は、旭川のペットショップの店頭にいたところを私がウェブ広告で見つけ、「寅助とそっくりだ！」と思い、飛行機に乗って迎えにいった猫である。

二匹とも、いまではすくすく成長し（キララはかなり体重過多になっているが）、まさに家族の一員として、なくてはならない存在となっている。私が闘病生活の苦しみを何とか乗り越えてきたのも、彼らの愛くるしい動作や表情のお陰だと感謝している。実際、お腹を出して寝ているキララを撫で撫でしていたら、私の血圧の上の値が一〇〜二〇も下がるのだ。まさに私の健

キララ兄ちゃん、くすぐったいよ！（左・寅次郎、3歳）

康管理にも貢献してくれるのである。

そこで、ここでは「猫にちなんだ曲」として、ショパンの「猫のワルツ」の名演をご紹介したい。

「猫のワルツ」は、ショパンのワルツの中でも、明るく華やかで親しみやすい曲であり、演奏会でよく採り上げられる曲である。また、第一八回ショパン国際ピアノコンクール（二〇二一年）の二次予選で、反田《そりた》恭平氏が演奏した曲として、日本でも注目を集めたことは記憶に新しい。

㈠ヴァーシャーリ　ショパン　十七のワルツ

ヴァーシャーリ・タマーシュは、ハンガリー出身のピアニスト・指揮者（ヴァシャーリとする表記もあるが、ここではウィキペディアにしたがって、ヴァーシャーリとした）である。

猫のワルツが入っている自宅のCDを探していたら、埃を被ったヴァーシャーリの二枚組と三枚組のCDが見つかった。そこでショパンの「十七のワルツ」を聴き始めたところ、まず冒頭の第一番「華麗なる大円舞曲作品十八」の素晴らしさに圧倒されてしまったのだ。少し速めのテンポで、実に小粋で軽やかで華やか、何の抵抗もなく心にスッと入ってくる演奏だったからだ。「猫のワルツ」も同様に小粋で軽やかで華麗、曲の楽しさをストレートに味わうことができる演奏だ。その他の曲も、ニュアンスを自由自在に変化させながら、すべてがごく自然に美しく華やかに流れる演奏で、本当に見事だと思った。

その中で特に素晴らしいと思ったのは、作品六九の一「告別」。感傷的で美しい旋律が弱音主体で演奏され、かえって悲しみをそそる結果となっている。そして最後の部分（3分5秒辺り）でグッとテンポを落として弾いているところが本当に素晴らしいと思った。同様に作品六九の二も、感傷的な旋律を、実に静謐な美しい音で弾いているところがあった（1分51秒辺り）。こんな素晴らしいショパン弾きがいることを、なぜ今まで気付かなかったのだろう？

ヴァーシャーリのショパンは、この他に、ノクターン、バラード、スケルツォ、アンダンテ・スピアナートと華麗なる大ポロネーズ、ピアノ協奏曲第一番・第二番などが出ているが、どれも見事の一言！　その中でもノクターンは、小粋で自然で心に染みる美しい演奏の連続で、そのあまりの美しさにため息が出てしまうほどだ。特に、私の大好きな二七の二、五五の二、六二の一の三曲は、ことのほか繊細で美しい表現を見せる一方で、情熱を秘めた熱い歌いぶりも感じられ、それぞれがベストを争う名演だと思った。

㈡ケイティン　ショパン　ワルツ集

ピーター・ケイティンのショパンは、本当に清楚で、自然で、心に染みる演奏ばかりだ。この猫のワルツも、「華麗なる円舞曲」のはずが、華麗さよりも静かで内省的で心のひだにジワジワ滲みとおっていくような演奏を行なっているのだ。闘病生活の間、何度この演奏を聴いて慰められたことだろう。

ケイティンのショパンの清楚な素晴らしさについては、前著「第八章　素晴らしきソリストたち」一八三～一八四頁でも触れたので、ご参照いただけると幸いである。

㈢楊麗貞　ショパン　ワルツ集

楊麗貞《ようれいてい》さんの「猫のワルツ」は、まさに「華麗なる円舞曲」の名に相応しい演奏だ。ただ華麗であるだけでなく、強弱やテンポ、ニュアンスの変化が散りばめられており、それがごく自然に展開される。そして音がキラキラ輝いて聴こえる。やはり楊さんは日本を代表するショパンの名手だと確信した次第である。

楊麗貞さんのショパンの素晴らしさについては、前著「第八章　素晴らしきソリストたち」一八〇～一八一頁でも触れたので、ご参照いただけると幸いである。

ショパン「ワルツ作品34-3　華麗なる円舞曲（猫のワルツ）」ヴァーシャーリ（ピアノ）（1965年　ドイツ・グラモフォン　469 350-2）

ショパン「ワルツ作品34-3　華麗なる円舞曲（猫のワルツ）」他　ケイティン（ピアノ）（録音年代不詳　MUSIC & ARTS　CD-261（1））

ショパン「ワルツ作品34-3　華麗なる円舞曲」（猫のワルツ）」他　楊麗貞（ピアノ）（2004年　KING RECORDS　KICC486）

キャット・タワーの上でご機嫌な寅次郎(5歳)

サンタ姿のキララ(2歳)

玄関先で待ってたよ！(5歳)

おじさん座りが得意なキララ(6歳)

ハロウィーン姿の寅次郎(4歳)

第四章

私がお薦めする小澤征爾さんのＣＤ

小澤征爾さんのエネルギッシュで歯切れがよく、透明で美しい演奏

つまみ食いCD
サイトウ・キネン・オーケストラとの「ブラームスの交響曲第四番」
サイトウ・キネン・オーケストラとの「チャイコフスキーの弦楽セレナードなど」他多数

二〇二四年二月六日、小澤征爾さんが亡くなられた。享年八十八歳。世界中、特に欧米の聴衆から愛され、最後はウィーン国立歌劇場の音楽監督にまで上り詰めた日本人指揮者。もうこのような世界的指揮者は、日本からは出てこないのではないか、と思うと本当に残念でならない。

実を言うと、私はこれまで、指揮者としての小澤征爾さんにあまり関心を持って聴いてこなかった。所有CDの数も十五枚程度と、私の三千枚ほどのコレクションの中では微々たるものだった。というのも、小澤さんのベートーヴェンやブラームスは「ドイツ音楽の伝統的な重厚さに欠けている」と感じたからだ。これは、中高生時代の多感な時期に、主に宇野功芳氏を中心とする「精神性重視」の評論に大きく影響を受けたからではないか、と思う。ベートーヴェン、ブラー

ムス、ブルックナーなどのドイツ系音楽は、フルトヴェングラーや朝比奈隆などの重厚で深い精神性を湛えた演奏でなければならない、と考えていたのである。

しかしながら、小澤さんの訃報に接して以来、手元のCDや新たに購入したCDを聴いたり、テレビの特集番組を視聴したりし、また小澤さんについて書かれた本を読み直したり、新聞や雑誌などに掲載された追悼文を読むことにより、私の小澤征爾像はかなり変わってきたのである。小澤さんの特徴である、エネルギッシュで歯切れがよく、ストレートで分かりやすい演奏、そして時には透明で流麗でとても美しい演奏は、それはそれで実に素晴らしい、特筆すべき表現だ、と考えるようになったのである。

前置きが長くなってしまったが、ここで私が本当に素晴らしいと思った小澤さんのCDを録音年代順にいくつか挙げることにしたい。

㈠一九六〇年代のシカゴ交響楽団との「管弦楽のための協奏曲」（一九六九年）、「ブリテンの青少年のための管弦楽入門」（一九六七年）

これらは小澤さんが三十歳前半に録音したもので、怖いもの知らずの若武者が、自分のやりたいことをやり尽くした、まさに爽快で胸のすく快演ばかりである。しかも相手は、当時全米随一と言われた技術を誇る名門シカゴ交響楽団である。小澤さんは名門オケのつわものたちに直球勝負で臨み、恩師齋藤秀雄氏に徹底的に叩き込まれた「指揮法」を駆使して彼らを完全に手中に収め、実に整然とした演奏をさせているところが凄い。そして整然とした流れの中で、各楽器は生き生きと鮮明に、時にはギラギラとしながら鳴り響き、大音量になっても決して混濁することなくクッキリと分かれて聴こえる。特に「管弦楽のための協奏曲」の第五楽章は、もの凄く速いテンポにも関わらず、シカゴ交響楽団は一糸乱れぬ完璧なアンサンブルを展開し、同響自慢の金管楽器群が思う存分さく裂して、見事というほかない。

私が、シカゴ交響楽団と演奏の中で特に気に入っているのは、「青少年のための管弦楽入門」だ。各楽器の紹介を目的とした曲なので、比較的落ち着いたテンポの中で、当時のシカゴ交響楽団の技術の凄さ（特に、トランペットのハーセスを中心とした金管楽器群の凄さ）を心ゆくまで堪能することができるからだ。本当に「巧い！」と舌を巻いてしまうほど、当時のシカゴ交響楽団は凄かったのだ。さらに、録音が一九六〇年代後半としてはかなり優秀なので、是非聴いていただきたいと思う。

なお余談となるが、シカゴ郊外のラヴィニア音楽祭での小澤征爾指揮／シカゴ交響楽団の演奏について、現地の新聞が酷評を浴びせ続けたことに対し、シカゴ交響楽団が「シャワー」で抗議のパフォーマンスを行なった、とのエピソードがある。小澤さん曰く、「指揮者が最後の曲を終えて、ステージから奥に引っ込んで、それからまたステージに出ていきますね。そのときに楽団員がみんな、それぞれの楽器で銘々勝手なノイズを出すんです。トランペットも弦もトロンボーンも、ティンパニも、大きな音で、うややわーん、おぐあーん、と。――要するにね、僕が新聞であまりに叩かれまくったんで、それに対する楽団員一同の、新聞に対する音楽的抗議だったみたいです」（村上春樹『小澤征爾さんと、音楽について話をする』二〇一一年、新潮社、三〇八頁、以下「村上春樹さんの本」と称す）。極東の島国から一人でやって来た若者が、新聞で叩かれまくっている姿を見て、シカゴ交響楽団が不憫に思い、反抗の行動を起こしたのである。実にほほえましい、心温まるエピソードだ。また、彼らにそこまでさせた小澤さんの力量（指揮技術）と人柄の良さを物語るエピソードでもあると思う。

バルトーク「管弦楽のための協奏曲」他　小澤征爾（指揮）／シカゴ交響楽団（1969年　EMI TOCE16027）

ブリテン「青少年のための管弦楽入門」他　小澤征爾（指揮）／シカゴ交響楽団（1967年　RCA 88697691002）

㈡サイトウ・キネン・オーケストラとの「ブラームスの交響曲第四番」（一九八九年）

何と流麗で清々しくて美しいブラームスだろう。第一楽章冒頭から、これまで聴いたものとは全く異なるブラームスが聴こえてくる。彼特有の晦渋さや重々しさは皆無に等しい。

第二楽章でも、第一主題の変形部分（2分35秒辺り）の、ヴァイオリンのあまりにも透明で艶やかで美しい音に、私はしばし絶句してしまった。またチェロとヴィオラで演奏される哀愁を帯びた美しい第二主題（3分35秒辺り）はゆったりとしたテンポで慎ましやかに歌われている。さらに第二主題の再現部（7分51秒辺り）では、弦全体によって、より重厚な響きで演奏されるが、重苦しさはあまり感じられない。フルトヴェングラーの重厚で「深い精神性を湛えた」演奏を「正当なドイツ音楽」として聴いてきた私にとって、こんなにも流麗で美しいブラームス演奏があったのか、とまさに目から鱗が落ちる気がしたのである。

伝統的な「重厚な演奏」を良しとしてきた多くの日本人リスナーにとって、この演奏は受け入れ難いかもしれないが、私はそのあまりの美しさに完全にノックアウトされてしまったのである。

この第四番の演奏は、本場ヨーロッパで熱狂的に受け入れた、と聞いている。また、ヨーロッパでの小澤人気の凄まじさを目の当たりにして驚く日本の評論家もいたのである。

やはり演奏を聴く時、余計な先入観を捨てて、出てくる音そのものを虚心坦懐に聴き、本当に心に響く感動的な演奏なのかどうか、で判断すべきものだ、とあらためて感じた次第である。

ブラームス「交響曲第４番」他
小澤征爾(指揮)／サイトウ・キネン・オーケストラ(1989年 PHILIPS　PHCP-1001)

(三)ウィーン・フィルハーモニー管弦楽団との「新世界」(一九九一年ライヴ録音)

小澤征爾さんは、類い稀な集中力と巧みな指揮法でオーケストラに命を吹き込み、しかもその表現はストレートで分かりやすい指揮者だったと思う。

その小澤さんの特徴がよく現れた演奏が、ウィーン・フィルハーモニー管弦楽団との「新世界」(一九九一年)だと思う。ライヴの異様な高揚感のなか、ウィーン・フィルハーモニー管弦楽団の類い稀な美質と曲の素晴らしさとがマッチした名演だと思う。特に、有名な第二楽章では、最弱音の弦(3分4秒辺りと9分50秒辺り)とホルン(4分36秒辺り)がことのほか美しいのだ。この最弱音はボリュームを上げないと聴こえないほど小さな音なのだが、その中に実に美しい世界を作り出す繊細な感覚は、まさに日本人ならではのものだと思う。それに最上の形で応えたウィーン・フィルハーモニー管弦楽団も流石だと思った。これは欧米の指揮者ではなかなか出せない稀有な瞬間だと思う。

ドヴォルザーク　交響曲第9番「新世界より」小澤征爾(指揮)／ウィーン・フィルハーモニー管弦楽団（1991年　PHILIPS PHCP-21006）

㈣サイトウ・キネン・オーケストラとの「チャイコフスキーの弦楽セレナードなど」（一九九二年ライヴ録音）

このCDは、小澤征爾さんの指揮を聴くだけでなく、サイトウ・キネン・オーケストラの弦楽器群の素晴らしさを再確認する上で、とても貴重な録音だと思う。団員一人一人がヴィルトゥオーゾ級の実力を持った人たちなので、音の美しさはまさに格別、ベルリン・フィルハーモニー管弦楽団やウィーン・フィルハーモニー管弦楽団よりも美しい、とさえ思うのだ。

チャイコフスキーの弦楽セレナードの第一楽章は、各弦楽器が目一杯音を出しながら、音は全く濁らず、実に透明で美しいところが素晴らしい。また第四楽章の速いテンポの箇所でも一糸乱れずに演奏していて、聴いていていてゾクゾクしてしまう。

モーツァルトの「ディヴェルティメントK.136」でも、軽やかな弦の響きが美しい。そして第三楽章の速い箇所でも内声部がクッキリと聴こえてきて唖然とするのだ。全体としてモーツァルトの軽妙で爽やかな曲の素晴らしさを堪能できる演奏だと思う。一方、「アイネ・クライネ・ナハトムジーク」は、全体として少し立派過ぎる演奏かな、と感じた。

チャイコフスキー「弦楽セレナード」他　小澤征爾（指揮）／サイトウ・キネン・オーケストラ（1992年　DECCA　UCCS-50058）

㈤水戸室内管弦楽団との「ビゼーとラヴェル」(一九九五年ライヴ録音)

小澤さんは、フランス音楽でも素晴らしいCDを残している。ボストン交響楽団とのラヴェルのCDは、ボストン交響楽団の柔らかで繊細な響きと、大音量の中でも混濁しない響きが堪能できる素晴らしいものだ(特に、ラ・ヴァルスの大迫力は見事!)。しかしながら、私は水戸室内管弦楽団との「ビゼーとラヴェル」のCD(一九九五年)のほうに惹かれている。フランス音楽には、「清澄で透明な響き」は必須の要素であり、水戸室内管弦楽団との演奏は、まさに清澄で透明で繊細な響きを堪能することができるからだ。

ビゼーの交響曲は、美しいメロディーに溢れた、洒落た佳曲で、私はハイティンクやプレートルのCDも楽しんできたのだが、この小澤征爾指揮/水戸室内管弦楽団が最も素晴らしいと思った。第一楽章の颯爽とした演奏も実に魅力的なのだが、何と言っても第二楽章の憂いを帯びたオーボエの響き(宮本文昭さんの演奏だと確信している)がことのほか美しいからだ。まさに耳のご馳走と言ってよい。こんな情感の籠った美しい音を出すオーボエは、世界中探しても滅多に聴けないものだと思う。

また、ラヴェルの「マ・メール・ロワ」の清らかな響きも素晴らしい。水戸室内管弦楽団は、サイトウ・キネン・オーケストラの主要メンバーから成る、超名人揃いの小編成のオーケストラで、彼らが奏でる響きは、本当に清らかで美しい。「亡き王女のためのパヴァーヌ」での柔らかくふっくらしたホルン、清らかなフルートや甘酸っぱい弦の響きなど、本当にため息が出るほど美しい。そして、「マ・メール・ロワ」は美しい詩情が命の曲だが、なかでも「前奏曲」での工藤重典さんの冴えわたるフルートがことのほか美しい。また「パゴドの女王レドロネット」では、フランス音楽特有の甘酸っぱい高貴な香りが随所に感じられる、実に見事な演奏だ。これは、静寂の中に美を見出す、繊細で鋭敏な感覚を持つ日本人だからこそ可能な演奏ではないかと思う（水戸室内管弦楽団の大半が日本人）。私は、クリュイタンスやマルティノンなどのフランス系指揮者よりもフランス的な香りのする演奏ではないか、とすら感じている。日本人はもっと自信を持ってよいはずだと思う。

ビゼー「交響曲」ラヴェル「マ・メール・ロワ」他　小澤征爾（指揮）／水戸室内管弦楽団（1995年　DECCA　UCCD-4798）

㈥サイトウ・キネン・オーケストラとの「ブラームスの交響曲第一番」と「ベルリオーズの幻想交響曲」（いずれも二〇一〇年ライヴ録音）

二つとも、二〇一〇年の一二月、ニューヨークのカーネギー・ホールでのライヴ録音である。両曲とも、食道がん手術による療養生活を終えて久しぶりに舞台に立った小澤さんの、渾身の気迫が団員全員に乗り移った、まさに壮絶な演奏である。小澤さん自身がこれらの演奏について「ほんとに素晴らしかったな」、と大変満足していたようである（前掲、村上春樹さんの本、二六七頁）。

その中で、私は特に「ブラームスの交響曲第一番」の演奏に惹かれた。この演奏は、重厚さよりも、インテンポの淡々とした表現が基調になっており、重厚な「ブラームス演奏の伝統」とは異なるように感じたのだが、これこそが、日本人としての感覚を保持しながら、スコアを深く読み込んだ、小澤さん独自のブラームス演奏の終着点だったのではないか、と感じたのだ。全四楽章の中で私が特に感心したのは、第四楽章である。冒頭の、芯のあるホルンの響き（2分38秒辺り。名手バボラークが演奏している）、清々しいフルートの響き（3分13秒辺り）、そして静寂の中に深々と響くトロンボーンの重奏（3分50秒辺り）。これらは声高に自己主張せず、むしろ淡々と威厳をもって演奏されているように感じるのだ。そして4分52秒辺りから、弦楽器によって演奏される有名な旋律も、どちらかと言えば淡々と演奏される。ここには、欧米の指揮者でよく見かける、テンポを大きく動かして重厚・濃厚に演奏するブラームスとは一線を画す世界がある。淡々とした中に、凛とした威厳を感じさせ、さらには日本流の「静寂の中の美」までも表現したという意味で、まさに「小澤さん独自のブラームス」の真骨頂を示す演奏だと思う。

この有名な旋律の後、小澤さんの凄まじい気迫に溢れた壮絶なブラームスが展開され、終演後は、興奮したニューヨークの聴衆から、稀に見る壮大なブラボーの洪水を引き起こすことになる。そうした興奮に満ちた壮絶な演奏の中でも、所々の弱音の箇所で、弦が実にしなやかで美しい響きを出しているのが素晴らしい（12分38秒辺りから）。サイトウ・キネン・オーケストラの弦はことのほか美しいと思うのだが、特に弱音の箇所で魅せる美しさは格別だと思った。

「ベルリオーズの幻想交響曲」ももちろん素晴らしい。第一楽章冒頭から、小澤さんらしい繊細で美しい表現が聴かれる。まさに日本人の繊細な感覚が作り出す音楽だ。ここでも、サイトウ・キネン・オーケストラの弦の美しさが際立っている。また、バボラークのふっくらとしたホルンの響きも素晴らしい（3分45秒辺り）。一方、私の大好きな第二楽章は、弦が本当に美しい音で演奏しているのだが、その表現は慎ましいもので、私の好みとしてはもっと歌って欲しかったな、と感じた。

第四楽章と第五楽章は、まさに鬼神が乗り移ったかのような小澤さんの気迫に楽団員が全身全霊で応えた、まさに一期一会の壮絶な演奏となっており、ニューヨークの聴衆の万雷の拍手とブラボーを受けたのも当然と言えば当然だと思った。

ブラームス「交響曲第１番」小澤征爾（指揮）／サイトウ・キネン・オーケストラ（2010年　DECCA UCCD-9802）

ベルリオーズ「幻想交響曲」小澤征爾（指揮）／サイトウ・キネン・オーケストラ（2010年　DECCA UCCD-1292）

第五章

私なりの小澤征爾論

前項で述べたように、私は小澤征爾さんの演奏にはあまり興味を持てず、所有するCDも少なかった。その一方で、戦後の極東の島国から現れた日本人指揮者が、なぜウィーン国立歌劇場の音楽監督の地位にまで昇り詰めることができたのか、常に気になっていて、小澤さんに関する本を探しては読み続けてきた。そして、小澤さんの波乱万丈の人生に強く惹かれるようになったのである。

それらの本の中で最も参考になったのは、中野雄著『小澤征爾　覇者の法則』（二〇一四年、文春新書、以下「中野雄さんの本」と称す）だった。この本で中野さんは、小澤さんの人生を克明に追い、中野さんらしい、人生訓を含めた詳細な分析を行なって、小澤さんの「覇者の法則」を解き明かしている。また、小澤さんの生の声を聞くために、村上春樹著『小澤征爾さんと、音楽について話をする』（前掲、「村上春樹さんの本」）や『ボクの音楽武者修行』（改版、二〇〇二年、新潮社）などの本も読んだ。さらに、独自の視点で小澤征爾論を展開した遠藤浩一著『小澤征爾　日本人と西洋音楽』（二〇〇四年、ＰＨＰ新書）も大変参考になった。

ここでは、これらの本などを参考にしながら、私なりの「小澤征爾論」を展開し、〝小澤征爾さんの成功の背景〟を、次の八つに纏めてみたのである。これ以外にも成功の理由は多々あると思われるが、とりあえず以下の八つとしたこと、ご了解いただきたい。

㈠世界に通用した齋藤秀雄さんの「指揮法」

小澤征爾さんの恩師齋藤秀雄さんは、ドイツ留学時に世界的なチェロの名匠フォイアマンに師事し、帰国後は新交響楽団（新響、NHK交響楽団の前身）の首席チェリストとして活躍した人だが、新響常任指揮者に就任した名匠ローゼンシュトックから指揮法を学び、独自の「指揮法」を完成させた人である。

その指揮法とは、「叩き」、「平均運動」、「しゃくい」、「瞬間運動」、「先入法」、「撥ね上げ」、「引っ掛け」という七つの基本動作からなる指揮技術であり、その技術を駆使することで、指揮者は自分の思い通りの音楽をオーケストラに演奏させることが可能となるのである。

クラシック音楽後進国から突如現れた青年小澤さんが、フランスのブザンソン国際指揮者コンクール（一九五九年）で優勝できたのも、まさにこの「指揮法」という技術によるものだった。

実際、小澤さんは、『ボクの音楽武者修行』（以下、「小澤征爾さんの本」と称す）の六八頁で、次のように語っている。少し長くなるが、引用させていただく。

ぼくはどんなオーケストラへいっても、そのオーケストラが、あるむずかしい曲で合わなくなったり、アンサンブルがわるくなったりしているときに、ぼくのもっているテクニックを使って、必ずみんなのアンサンブルを整えることができるという自信をもっている。それはすなわち齋藤先生のメトーデによるものだ。それがオーケストラのほうからみると、セイジの棒は非常に明瞭だという答えになって表れるので、ぼくとしては、指揮するばあいに非常に有利な立場に立つことができるのだ。

余談だが、ブザンソン指揮者コンクールの応募締め切り日に間に合わなかった小澤さんを助けてコンクール参加への道を開いた、在仏アメリカ大使館音楽部勤務のマダム・ド・カッサ（元プロのヴァイオリニスト）のエピソードが実に面白い。小澤さんは最初、在仏日本大使館に助けを求めたが対応してくれず、止むなくアメリカ大使館に助けを求めたのである（小澤さんの無鉄砲とも言える発想と行動力については、後述することにしたい）。対応したマダム・ド・カッサは、小澤さんに「お前はいい指揮者か、悪い指揮者か」と尋ね、小澤さんは大きな声で「自分はいい指揮者になるだろう」と回答、げらげら笑いだした彼女は、ブザンソンの国際音楽祭事務所に長距離電話をかけ、特別に受験資格を与えるよう頼み込んだのである（小澤征爾さんの本、五四―五五頁）。

官僚的発想から小澤さんを助けられなかった当時の日本大使館と、プロの演奏家を音楽担当事務官に配置した、芸術に理解の深い当時のアメリカ大使館との差を、痛切に感じざるを得ないエピソードである。

(二)無鉄砲とも言える発想と行動力

ここぞというときの、小澤さんの無鉄砲な発想と行動力については、枚挙にいとまがないほどたくさんのエピソードがある。その代表的な例としては、①齋藤秀雄さんに弟子入りするために、中学生の小澤さんが、一人で（親の同伴なしで）齋藤さんの自宅を訪ねたこと、②ヨーロッパ現地で本物の西洋音楽を聴きたいとの一心で借金をし、貨物船に乗り、フランス上陸後は日の丸を掲げて日本製のスクーターでパリを目指した。しかも、どの先生について指揮法を学ぶか、といったあては全くなかったこと、③ブザンソンの指揮者コンクールで締め切りに間に合わなかった小澤さんは、最後は何と在仏アメリカ大使館に助けを求め、無事コンクールに参加できたこと、などである。そして、このような無鉄砲な発想と行動力に対し、誰かしら力を貸してくれる人が現れるのである（前述のマダム・ド・カッサとのエピソードはその一例）。小澤さんには、この人のために何とかしてあげよう、と思わせる不思議な人間的魅力があったのである。

いずれにしても、先に挙げた例の一つでも欠けていれば、世界的指揮者・小澤征爾さんは誕生しなかったかもしれないのである。

㈢伝統を破壊したカッコいい指揮姿

小澤さんの「ビジュアル的要素」について、日本の評論家や音楽関係者はほとんど語ってこなかったように思う。一方、米国側の評論を見ると、この点をかなり重視していることが分かる。

この「ビジュアル的要素」については、「ニューズウィーク日本版」（二〇二四年三月五日）の記事に書かれていた。このニューズウィーク誌は「世界が愛した小澤征爾」と題し、表紙に彼の勇壮な指揮姿を載せた、小澤征爾の「特集版」である。この特集記事は、米国側から見た小澤征爾像がよく分かって、とても面白かった。

特集記事を書いたジェームス・オストライチ（クラシック音楽評論家）は、「類いまれな情熱と挑戦する心で世界の名門オーケストラを率いた小澤征爾はクラシック界に新たな風を吹き込んだ」と評価し、その功績を次のように書いている（長文なので、その概要を私なりに纏めてみると次のようになる）。

〝保守的でスノッブな伝統に凝り固まったボストンにおいて、タキシードの代わりにタートルネックのセーターを着て、ビーズのネックレスを着けた、長髪でボサボサ頭の若い東洋人は、不遜な『慣習の破壊者』に見えた。そして、そのエネルギッシュで若々しい指揮姿は『指揮台に立つ男の美を体現していた』のだ。その雄弁な指揮姿は、クラシック音楽を全く知らない聴衆をも魅了した。その結果、小澤氏はクラシック音楽界に『新しい聴衆』を呼び込むことに成功したのだ〟。

このような「ビジュアル的要素」は、実は彼が米国で人気を博した、大きな要素だったと思う。小澤さんの「ビジュアル的要素」を指摘した評論は、日本ではこれまでほとんど耳にしてこなかったのだが、この米国の評論家が書いた記事を読んで、「なるほど、そうだったのか！」と大いに納得したのである。この「ビジュアル的要素」こそ、クラシック音楽界で大衆的な人気を博すために、非常に重要な（時として最も重要な）要素になると思うからだ。

小澤さんは、ニューヨーク・フィルハーモニー管弦楽団の副指揮者（一九六一年）、シカゴ交響楽団のラヴィニア音楽祭の音楽監督（一九六四年）、トロント交響楽団の音楽監督（一九六五年）、サンフランシスコ交響楽団の音楽監督（一九七〇年）、ボストン交響楽団の音楽監督（一九七三年）と、北米で錚々たる地位を獲得している。そしてその時期は（一九六〇年後半〜一九七〇年前半）、米国でベトナム反戦運動が広がり、あらゆる権威にノーを突き付けた時代でもあった。こうした時代背景も、小澤さんに味方したのかもしれない。

いずれにしても、「ビジュアル的要素」というキーワードによって、小澤さんがまず米国で人気を博した理由が、私なりによく分かった（腹落ちした）次第である。そして、この「ビジュアル的要素」は「オーラ」（後述、㈥の④）にも繋がるものだと思う。

㈣世界的影響力を持つ目利きの存在

二〇世紀後半から現代に至るまで、世界のクラシック音楽界を支配しているのは、コロンビア・アーティスツという音楽事務所である。小澤さんがいわゆる「N響事件」で日本の音楽界から放逐され、米国に軸足を移した当時、コロンビア・アーティスツの総帥は、ロナルド・ウィルフォードという人で、カラヤンを所属アーティストとし、全世界のオーケストラを実質的に支配していた、大変な実力者だった。そんな人から小澤さんは「ジョルジュ・プレートルの代役として、数日後のラヴィニア音楽祭を指揮して欲しい」との指示を受けたのである。しかも相手のオーケストラは、当時全米随一の実力を誇っていたシカゴ交響楽団である。小澤さん二十七歳、ニューヨーク・フィルハーモニー管弦楽団の副指揮者の地位に就いたものの、まともな仕事がなく、悶々とした日々を過ごしていた時期である。

そして、小澤さんは、何とラヴィニア音楽祭の指揮で成功を収めてしまうのである。極東の日本からやってきたばかりの若い日本人に、本番を数日後に控えた重要な仕事を与え、成功させてしまうウィルフォードがいかに大変な鑑識眼の持ち主であったかを如実に物語っている。その後、小澤征爾さんが、三十代そこそこの歳で、ウィーン・フィルハーモニー管弦楽団やベルリン・フィルハーモニー管弦楽団を振ることになったのも、ウィルフォードの影響が大きかった、と言われている。

ここで、有名な「N響事件」(一九六二年)に触れなければならないだろう。ドイツ・オーストリア系の指揮者に鍛えられ、重厚な音楽作りに自信を持っていた当時のNHK交響楽団が、遅刻などの問題を起こした小澤さんを「小生意気で態度の悪い若者」として演奏会をボイコットした事件である。私はここで、どちらが悪かったのかを論じるつもりはない。ただ二つだけ言えることは、①当時のＮＨＫ交響楽団は、遅刻や態度といった側面ばかり重視して、音楽面での指揮者の能力を冷静に判断する鑑識眼が培われていなかったと思われる（日本の音楽界には、今でもその傾向が残っているように思えるのだが）。即ち、ウィルフォードのような真の意味での鑑識眼を持つ目利きが育っていなかったこと、②結果として、日本から放逐されて活動の場を米国に移したことは、小澤さんにとって、本当に良かったと思われること、である。

㈤酷評の嵐を耐え抜いた「打たれ強さ」

小澤さんは、「世界的指揮者」の階段を昇りつめていったのだが、その道は必ずしも順風満帆ではなかった。そこには、「アジア人にクラシック音楽なんか分かるはずがない！」と言った偏見を含んだ酷評の嵐が常に付きまとったのである。たとえば、若き小澤さんとシカゴ交響楽団の演奏に対する地元紙の偏見を含んだ酷評や、スカラ座デビュー（一九八〇年）の「トスカ」で浴びたブーイング等々。おそらく、多くの指揮者は、酷評やブーイングの嵐を前にして気が滅入ってしまい、精神的にダメージを受けてしまったことだろう。しかしながら、小澤さんは違ったのである。持ち前の明るい性格もあると思うが、中学時代に打ち込んだラグビーと、恩師齋藤秀雄さんによる「地獄の特訓」に耐えてきたことが大きかったのではないか、と思う。

齋藤秀雄さんの指導は、聞きしに勝る厳しいもので、征爾さんの弟小澤幹雄さんの回想録によると「指揮棒でたたかれたり、分厚いスコア（オーケストラの総譜）を投げつけられたりするのは日常茶飯事だったようで、ページがバラバラにとれてしまったスコアを、征爾はあわててかき集めて家まで持ち帰ってきては、バラバラのページをまたセロテープで順番にくっつけていた。その作業を、よく僕も一緒に手伝ってあげたものだ」「オーケストラの雑用でヘトヘトになり、自分の指揮の勉強がじゅうぶんに出来ないまま、先生の家にレッスンに行くと、不勉強だといってどなりつけられるという具合で、半ば絶望的になった征爾が、ある日半べそをかいて家に帰ってきて、一言も口をきかずにいきなり本箱のガラスをこぶしでなぐりつけ、ガラスをメチャメチャに割ってしまったことがあった」とのことである（小澤幹雄『やわらかな兄　征爾』二〇一九年、光文社、知恵の森文庫、一〇二頁、一〇四頁）。また、オーケストラの練習では、「思ったように学生達が弾けないと齋藤は目を吊り上げて、『おまえたち、ここは花嫁学校じゃないんだよ！』と怒鳴り、指揮棒を投げつけた。そのあげく譜面台を蹴り飛ばし、眼鏡をバシーンと床に叩きつける。生徒たちが縮みあがっている中、齋藤は足音も荒く出て行ってしまうといった派手な光景がしばしば繰り広げられた」（中野雄さんの本、四六頁）。小澤さんをはじめ、当時の桐朋の学生たちはよくぞ耐え抜いたものだと思う。ちなみに、ピアニストである家内は「これに似た光景は、一九八〇年代前半まで、音大などでよく見られたものだった」と述懐している。

しかしながら、この令和の時代にあっては、齋藤さんのような行動は、まさに「パワハラ」そのものであり、決して許されるものではない。その一方で、そうした「地獄の特訓」を耐え抜いた小澤さんが、世界的指揮者の階段を昇り続けていったことも事実なのだ。アジア人に対する偏見を含んだ酷評の嵐を耐え抜いた「打たれ強さ」があったからこそ、小澤さんは酷評をものともせず、欧米で演奏活動を続け、多くのファンを獲得していったのだろう。

齋藤門下生には、小澤さんのほかに、指揮者の秋山和慶、ヴァイオリンの潮田益子と安芸晶子、ヴィオラの今井信子、チェロの堤剛など、世界的に活躍する演奏家が出現している。一方、中野雄さんは「なぜか国際的水準からみて、『文句なしに第一級』という人材が、高度成長期が一段落し、国が豊かになってから現れなくなった」と危機感を抱いている（中野雄さんの本、五三頁）。

パワハラ的教育の是非をここで論ずるつもりはない。しかしながら、現代の教育は、「パワハラ」や「セクハラ」で訴えられることを恐れ、教師たちが子供たちに厳しく接することができなくなっているのではないか、と私は感じている。子供たちに厳しく接しながら、それを耐え抜く力を育むことも、教育の一環として残しておいてもよいのではないか、と考えるのは、昭和世代の私だけだろうか？　今は亡き小澤征爾さんと恩師齋藤秀雄さんとの関係も知るにつけ、私は今の教育方法に疑念を抱き始めているのである。

(六)類い稀な人心掌握術とオーラ

指揮者は、百人前後もの専門家集団を纏めあげ、自分の求める音楽を演奏させなければならない。したがって、指揮者にとって人心掌握術は最も重要な資質となるのである。

小澤征爾さんは、人心掌握術に極めて長けた指揮者だったと言われている。彼の人心掌握術とはどのようなものだったのだろうか。私は、いくつかの資質の複合系だと考えているが、その主なものは、①団員のレベルをはるかに超える突出した能力の持ち主、②明るい屈託のない性格、③真摯で的確な指示、④独自のオーラの持ち主、の四つに纏めることができるのではないか、と考えている。

①団員のレベルをはるかに超える突出した能力の持ち主

前述したように、恩師齋藤秀雄さんに徹底的に叩き込まれた「指揮法」によって、乱れたアンサンプルを立ちどころに修正できたことは、「セイジは俺たち（私たち）のオーケストラをこんなに巧く纏めることができる凄い指揮者だ」と評価を高めることになった。また、早朝からのスコアの徹底的な読み込みに基づく深い解釈と、結果としての驚異的な暗譜力は、団員に畏怖と尊敬の念を抱かせる結果となったのである。

②明るい屈託のない性格

小澤さんは、誰に対しても明るく屈託がなく、人懐っこい姿勢で接したという。ボストン交響楽団のトロンボーン奏者は、サイトウ・キネン・オーケストラの演奏会終了後のパーティーで、小澤さんがお蕎麦を配膳する人たちに対しても、笑顔で気さくに話していた姿を見て、驚きと共に感動を覚えたという。

オーケストラの団員にとっても、むっつり顔でガミガミ怒られるよりは、ユーモアを交えて明るく接してくれたほうが親しみを感じ、「この指揮者の話なら聞いてみよう」という心境になっていったのだと思う。

③真摯で的確な指示

前述したように、小澤さんはスコアを深く読み込むことにより、自分の目指す音楽を頭の中にしっかり構築してきた人である。「この箇所はこういうテンポで、こういう音色で、こういうハーモニーで」ということがしっかり頭の中に入っているからこそ、団員たちへの指示は短く的確なものとなるのである。そして彼が求める音楽ができ上がるまで、小澤さんは、オーケストラを辛抱強く鍛え上げていった。村上春樹さんは、小澤さんのリハーサル風景を見て、「ゆっくりと、ひとつひとつ丁寧に細部のネジを締めていく人だった。……どこがいけないかをユーモアを交えてフレンドリーに説明し、その部分のネジを締める。それを何度も何度も繰り返して、彼の求める音を、音楽を、辛抱強くこしらえていく。……ネジをぎゅっと締めることによってその結果、驚くほどすんなりと演奏から肩の力が抜けていくのだ。そしてその音楽はよりナチュラルな、より柔軟性を持つものになっていく。生命が吹き込まれていく。僕はそれこそが『小澤マジック』のひとつの神髄ではないかと思っている」と述懐している（朝日新聞、二〇二四年二月一一日朝刊）。

指揮者の明確で的確な指示によって、オーケストラは〝自分たちの奏でる音楽がこんなにも生き生きとしてくるとは！　この人の言うことに着いて行けば間違いない〟と納得していくのである。団員たちが指揮者の指示に納得して「共感」すればしめたもの、両者の間で生まれた「共感」は、本番の演奏で聴衆に伝わり、聴衆に感動を呼び起こすことになる。まさに丸山眞男さんの言う「感動の共有体験」が生まれるのである。

④独自のオーラの持ち主

オーラについて、言葉で説明することは非常に難しい。あえて言えば、「その人が発する霊的なエネルギーの放射」ということになろうか。演奏会での小澤さんの指揮姿を見ると、髪を振り乱し、体全体を使ったエネルギッシュな指揮姿に、まさにオーラを感じて圧倒されてしまうのだ。いわゆる「カリスマ性」を持った指揮者なのである。もちろんオーケストラも同様に感化され、実力以上の力を発揮することになる。それを見た（聴いた）聴衆は、ますます感化されて感動してしまう。

この小澤さん特有のオーラとカリスマ性こそ、小澤さんが世界中のオーケストラや聴衆に愛された、最大の理由だったのではないか、と思うのだ。

㈦天才の陰に不断の努力あり

小澤さんはどんなに忙しい時でも、早朝四時には起きて、四時間ほどかけてスコア（総譜）の勉強に集中したという。村上春樹さんは、朝日新聞に掲載された追悼文（前掲）の中で、小澤さんの次の言葉を伝えている。「僕がいちばん好きな時刻は夜明け前の数時間だ。……みんながまだ寝静まっているときに、一人で譜面を読み込むんだ。集中して、他のどんなことにも気を逸らされることなく、ずっと深いところまで」。小澤さんには、スコアを深く読み込むための勉強の時間が必要だったのである。

また中野雄さんは、小澤さんがウィーン国立歌劇場の音楽監督に就任するとの発表があった直後に小澤さんに対面したとき、「彼は私の両肩を摑むや否や『あと三年しかないいんだ。僕は勉強しなきゃならない。勉強しなきゃならないいんですよ』と、一気に叫ぶように話しかけた」と書いている（中野雄さんの本、二二二—二二三頁）。ボストン交響楽団の音楽監督を二十九年間も務め、ベルリン・フィルハーモニー管弦楽団（計一七〇回）やウィーン・フィルハーモニー管弦楽団、スカラ座などの世界の著名オーケストラや歌劇場を指揮してきた大指揮者であっても、常に「勉強、勉強、勉強」なのである。「天才」と言われる人であっても、勉強という不断の努力が必要だったのである。

確かに、小澤さんは、スコアを集中的に読み込んでいくことでスコア全体が自然に頭の中に入ってくるという、特殊な才能を持っていたようだ。小澤さんはそのことを「じっと楽譜を見ているとね、音楽が自然にすっと身体入ってきます」と表現している（村上春樹さんの本、二二九頁）。小澤さんの記憶力については、ボストン交響楽団のトロンボーン奏者が次のように述懐していたのをテレビで見たことがある。「もの凄く複雑なオペラを演奏したとき、小澤氏はすべて暗譜で指揮したんだ。彼は本当に天才だ」と。その意味では、確かに小澤さんは天才だと思うのだが、それができたのも、早朝に起きてスコアを集中的に勉強し続けるという、不断の努力があってこそだと思う。

㈧後進の育成にも注力

小澤さんは、多忙なスケジュールの合間を縫って、後進の指導にも注力してきた。たとえば、若い音楽家たちにオペラの経験を積ませる「小澤征爾音楽塾」、そして奥志賀やスイスのレマン湖畔のロールで行なわれた、若い弦楽器奏者たちのためのセミナーである。こうした後進育成活動も、地味ではあるが、世界中に小澤征爾ファンを増やす一因となったと思う。

これらのセミナーは、若い音楽家たちに、演奏技術の向上だけでなく、合奏の重要性、即ち「互いに相手の音を聴き合い、皆が『共感』を持って演奏することが、良い演奏を行う基礎となること」を教えることを重視していた。村上春樹さんの本の最後の部分は、スイスのセミナーを直接取材した詳細なレポートとなっている。一週間のスケジュールの中で、最初の数日間はギクシャクしていたアンサンブルが、最後の三日間で驚くほど急速に纏まっていき、地元でのお披露目の演奏会では、聴衆総立ちの拍手に包まれるに至った経緯が、克明に記されている。参加した学生たちも、人生に何度あるか分からない感動に包まれたようだ。こうした若い演奏家たちが、世界のオーケストラに入って活躍し、セミナーで学んだアンサンブルの重要性や小澤征爾さんの指導力の素晴らしさを後輩たちに伝えていったと思われる。こうして、「共感」を伴った「良き音楽」（村上春樹さんの本、三二八頁など）を演奏する人たちの数が増えていき、その結果として、クラシック音楽を楽しむ人たちの数が増えていくことに繋がっていくのだと思う。

第六章

闘病生活中に聴いて、私を励まし、生きる力を与えてくれた音楽

私の闘病生活について

「はじめに」のところで少し触れたように、私は前著の出版直後に胃がんが見つかり、長い間闘病生活を余儀なくされることとなった。胃がんは肝臓や肺などにも深く転移したステージ四の重篤な病状で、最初の病院では「余命一年」の宣告を受けたのである。次の病院での治療中には、抗がん剤が全く合わず「余命一ヵ月」と宣告されたこともあった。幸いにもその後に投与された抗がん剤が効き、がんの症状はかなり改善してきたのだが、今度は抗がん剤の副作用に日々苦しめられるようになったのである。食欲不振で体重は十キロほど減り、髪の毛は徐々に抜けていき、倦怠感で全くやる気が起こらず、自宅でゴロゴロするばかりの生活が続いた。この他、頑なな便秘・鼻血・手足の痺れ・足のむくみ・白血球数の低下による感染症のおそれ・腹水の痛みなどが続いたのである。特に手足の痺れと足のむくみは深刻で、フラフラして真っ直ぐに歩けなくなったり、ズボンがまともに履けなくなったりしたのである。また、感染症にかかりやすい状況が続いたので、電車に乗ることはなるべく避け、同窓会などの飲み会は、「別の予定が入った」と理由を付けて極力参加しなかった。それから、腹水による痛みが強い時は、夜も眠れない日々が続いたのである。

思うように病状が改善せず、抗がん剤の副作用に苦しめられ続けるなか、気分が大いに落ち込み、「なぜ自分だけがこんな苦しみを味わわなければならないのか」と自問し、半ば自暴自棄に陥ることもあった。また、やり場のないイライラを家内にぶつけることもあった。家内には本当に申し訳ないことをした、と感じている。

そんな闘病生活の中で、常に私を励まし、生きる希望を与え、前向きに生きる意欲を掻き立ててくれたのが、「とても明るくて」「楽しくて」「うっとりするほど美しくて」「実に感動的で」「本当に素晴らしい」と感じたクラシック音楽だったのだ。入院中のベッドの上で、長時間の点滴治療の椅子に座りながら、あるいは自宅のソファーに寝そべりながら、私はできる限りクラシック音楽を聴くように心がけたのである。

ここでは、私が闘病中に聴いたCDをご紹介することにしたい。

心に沁み込む美しさ――パッヘルベルのカノン

つまみ食いCD
パイヤール指揮／パイヤール室内管弦楽団
バウムガルトナー指揮／ルツェルン弦楽合奏団
フランツヨーゼフ・マイヤー指揮／コレギウム・アウレウム合奏団

私がクラシック音楽を聴き始めた小学生の頃、バロック音楽と言えば、「パッヘルベルのカノン」、「G線上のアリア」、「アルビノーニのアダージョ」が代表格だった。その中で、私はパッヘルベルのカノンを「複数のヴァイオリンが追っかけっこする、素敵な曲があるんだ」と思いながら聴いたものだった。

闘病中に、久しぶりにこの曲を聴いて、単純明快な曲ながら「心の奥底までジワジワと沁み込んでくる、何か特別な力を持った曲だ」とあらためて感じた次第である。それは、東亮汰とNHK交響楽団の演奏だった（N響×青のオーケストラコンサート、二〇二三年六月十一日放映）。

私は、オーケストラを舞台に音楽に情熱をかける高校生たちの青春ドラマ「青のオーケストラ」

が大好きで、その関連の番組「N響×青のオーケストラコンサート」を見た。その時、本当に久しぶりに聴いた「パッヘルベルのカノン」の演奏があまりにも素晴らしくて、涙が出てきてしまったのだ。その演奏は、技術云々を超えて、私の心に直接しみ込んできて、本当に清楚で美しい演奏だった。「パッヘルベルのカノン」は、こんなにも美しい曲だったとは、今さらながら驚いたのである。

そこで、手持ちのCDをいろいろ聴いてみたところ、是非紹介したい盤が出てきた。

(一)パイヤール指揮/パイヤール室内管弦楽団

最初から最後まで、静かに慎ましやかに演奏される、本当に美しいカノン。まずその流麗なテンポ感が実に素晴らしい。そして、透明で美しい極上の弦の響きにまさに魅了されてしまう。途中からひっそりと現れて弦を支えるチェンバロも実に見事。これらの美しい響きに酔いしれているうちに、知らず知らずのうちに最後まで聴き入ってしまう演奏だ。私は闘病中の辛くて苦しい時、この清楚で美しい演奏を聴いてどんなに心が慰められたことだろう。

私は、前著の中で、パイヤールとその室内管弦楽団の演奏を絶賛したつもりである。まずバッハの「音楽の捧げもの」(前著、二六―二八頁)で、その艶やかで美しい演奏を「豊饒で官能的な音の饗宴」と評した。また、チャイコフスキーの「弦楽セレナード」（前著、五四―五七頁）では、その羽毛のような柔らかい弦の響きを「個性的で美しい弦の響き」と称えた。これらの言葉は、このパッヘルベルのカノンでもそのまま当てはまると思う。本当に、独特の美学を持った素晴らしい指揮者であり、団体であると思う。

(二)バウムガルトナー指揮／ルツェルン弦楽合奏団

ゆったりした通奏低音の伴奏に乗って密やかに始まる美しいメロディー。この第一ヴァイオリンの響きを聴いただけで、すぐに心が和んでくる。どこまでも清々しくて優しくて美しい響き。私たちはこの美しい響きに身を任せていればよいのだ。まさに究極の癒し音楽と言えるだろう。この演奏も、闘病中によく聴いて、心を和ませたものだった。なお、バウムガルトナーにはもう一つ録音（一九六六～一九六七年のグラモフォン盤）があるが、私は録音が新しい（と思われる）DENON盤を聴いている。

(三)フランツヨーゼフ・マイヤー指揮／コレギウム・アウレウム合奏団

かなり速いテンポで演奏されるので、初めて聴いた方はビックリされるかもしれない。人によっては倍ぐらいのテンポで演奏されているように聴こえるだろう（実際、パイヤール室内管弦楽団が7分10秒であるのに対し、コレギウム・アウレウム合奏団は4分43秒しかかかっていないのである）。

ガット弦（羊の腸を使用）を用いた弦楽器の柔らかで鄙びた響きには本当に心が和む。コレギウム・アウレウム合奏団は、古楽器団体の草分け的存在だが、古楽器奏法の研究が盛んになる前の演奏であり、とても自然で耳に心地よく響くのである。まさに癒しの音楽なのだ。

ここには、同じ古楽器団体のゲーベル／ムジカ・アンティクワ・ケルンのパッヘルベルのような前衛的な表現は全くない（ゲーベルの演奏を初めて聴いて、肝をつぶす人がいるかもしれないが）。ちなみに、ゲーベルはマイヤーに師事しており、師弟でもこんなに違う演奏を行なうのか、と驚いてしまう。

コレギウム・アウレウム合奏団については、「第二章　敬愛する演奏家たち」の中で彼らのモーツァルト演奏の素晴らしさについて書いたので、ご参照いただきたい。

パッヘルベル「カノン」他　パイヤール(指揮)／パイヤール室内管弦楽団（1960～1972年頃　ERATO　WPCS-21026）

パッヘルベル「カノン」他　バウムガルトナー(指揮)／ルツェルン弦楽合奏団（録音年代不詳　DENON　COCO-73091）

パッヘルベル「カノン」他　フランツヨーゼフ・マイヤー(指揮)／コレギウム・アウレウム合奏団(録音年代不詳　DENON　33C37-7489）

優しく包み込むようなヴァイオリンの音

――ローラ・ボベスコ「シューベルトのソナチネ」

つまみ食いCD

シューベルト「ヴァイオリンとピアノのための三つのソナチネより」作品一三七―一（ローラ・ボベスコ（ヴァイオリン）／宮沢明子（ピアノ））

ローラ・ボベスコはルーマニア出身で、パリ音楽院などで学び、後にベルギーに本拠を移して活躍したヴァイオリニスト。日本にも何度か来ており、馴染み深い人も多いと思う。

彼女のヴァイオリンの特徴は、優しく包み込むような優雅な音だろう。ヴァイオリンの音としては少し太めに感じ、私にはヴィオラの音のように聴こえることがある。

ボベスコは、モーツァルト、ベートーヴェン、ブラームスのヴァイオリン・ソナタや、クライスラーの小品集など、たくさんの録音を残している。その中で、ブラームスのソナタ第一番がやさしく優雅に歌っていてことのほか素晴らしく、前著で採り上げようと思ったことがある。しかしながら、曲が美し過ぎるためか、ボベスコの演奏は私には少々甘く歌い過ぎているのかなと感じ、僅差で採り上げなかった経緯がある。

闘病中は、彼女と宮沢明子によるシューベルトの「ヴァイオリンとピアノのための三つのソナチネ」をよく聴いた。ボベスコの優しく包み込むようなヴァイオリンと、宮沢明子のセンス満点の軽やかなピアノが絶妙にマッチした稀有な名演で、私のふさぎ気味の気持ちを和ませてくれるのにピッタリの曲と演奏だったからだ。

三つのソナタは、どれも美しいメロディーに溢れた素晴らしい曲なのだが、私はその中で、明るい曲想の作品一三七―一が大好きなのだ。

作品一三七―一の第一楽章冒頭のヴァイオリンの音を聴いた瞬間、私はボベスコの世界に引きずり込まれてしまう。何と優しくて柔らかくて滋味深い音なのだろう！ 彼女の美しいヴァイオリンに聴き惚れているうちに、第三楽章まで一気に聴いてしまうことになる。

一方、この演奏の成功の大きな理由は、宮沢のセンス溢れるピアノ伴奏だろう。ボベスコにピッタリ寄り添いながら、とても軽やかで可憐でニュアンス豊かな演奏をしている（特に第二楽章）。音も実に美しく、私はそのピアノに聴き惚れてしまうばかりなのだ。こんな素晴らしいピアノ伴奏は滅多に聴けないと思う。

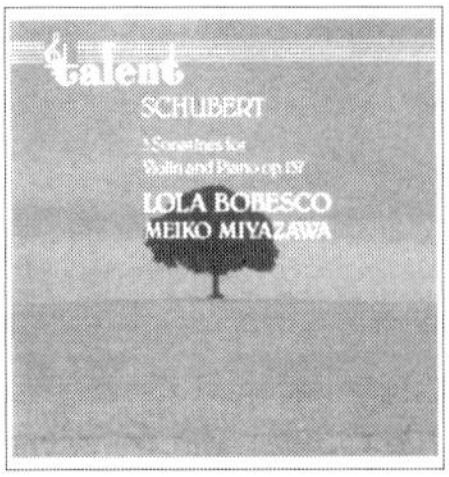

シューベルト「ヴァイオリンとピアノのための３つのソナチネより」作品137-1　ボベスコ（ヴァイオリン）／宮沢明子（ピアノ）（録音年代不詳　talent　DPM 291005）

伸びやかでこの上なく美しい旋律

――サン＝サーンス「クラリネット・ソナタ」（第一楽章）

つまみ食いCD

サン＝サーンス「クラリネット・ソナタ」（大浦綾子（クラリネット）／出羽真理（ピアノ））

サン＝サーンスが最晩年に作曲したクラリネット・ソナタ。サン＝サーンスの澄み切った心境に加え、洒落っ気さえも感じさせる素晴らしい佳曲である。

第一楽章冒頭のクラリネットの演奏が始まった途端、私はその懐かしさを覚える、伸びやかで美しい旋律に恍惚となってしまうのだ。一時期、この旋律がなかなか頭から離れなくなって、とても困った記憶がある。

闘病生活を続けるなか、久しぶりにこの曲を聴いて、あらためて第一楽章の美しさに目覚め、「この曲を聴き続けるために長生きするぞ！」と思ったのである。この曲はもっと演奏されて然るべき名曲だと思う。

私はこのソナタが大好きで、いろんなCDを集めたのだが、大浦綾子の演奏が最も素晴らしいと思った。テクニックが抜群に優れているだけでなく、サン=サーンスの美しい旋律を、細やかなニュアンスを交えて優しく美しく歌っているからだ。

サン=サーンス「クラリネット・ソナタ」他　大浦綾子(クラリネット)／出羽真理（ピアノ）（2009年　MEISTER MUSIC　MM-2065）

気分が晴れ晴れとする歌曲――シューベルト「幸福」

つまみ食いCD
アメリンク（ソプラノ）／ボールドウィン（ピアノ）
ボストリッジ（テノール）／ドレイク（ピアノ）

「幸福」（「至福」とも訳される）は、シューベルトの数ある歌曲の中でも、私が最も好きな曲の一つである。というのも、心弾むワルツのテンポで、とても明るく歌われる曲なので、聴いていて気持ちが晴れ晴れとしてくるからだ。長い闘病生活でふさぎ気味の気分を吹き飛ばし、生きる活力を得るのにもってこいの曲なのだ。

この「幸福」の歌詞は、「天国の世界も素晴らしいけど、やはり恋人がいるこの世に留まろう」という内容で、楽譜には「楽しそうに」との指定がある。

㈠アメリンク（ソプラノ）／ボールドウィン（ピアノ）

私は学生時代から、「幸福」と言えばアメリンクの歌を聴き続けてきた。彼女は澄み切った透明な声で、とても明るく素直に歌っており、曲の素晴らしさをストレートに伝えてくれるからだ。しかも、常に品位を保っているところが素晴らしいと思う。彼女の歌を聴いていると、本当に気分が爽快となってくるのだ。そして、ボールドウィンのピアノも、彼女のテンポやニュアンスの変化に絶妙に付いていて、本当に素晴らしいピアノ伴奏だと思う。

アメリンクのCDには、たくさんの有名な歌曲が入っているが、その中で、メンデルスゾーンの「歌の翼に」が絶品だと思う。この甘美な旋律を、彼女はどこまでも伸びやかで澄み切った声で品位よく歌いあげるのである。聴いていて、本当にうっとりとしてしまう名唱だと思う。

㈡ボストリッジ（テノール）／ドレイク（ピアノ）

アメリンク盤と甲乙付け難いのが、ボストリッジ／ドレイクの演奏だ。ボストリッジは、実に軽やかで爽やかに歌っており、聴いていて気分が晴れやかになってくるのだ。「爽快さ」という点では、彼のほうがアメリンクより上ではないかと思う。さらに、ドレイクのピアノの何と巧いこと！　自ら細かい変化を付けながら、ボストリッジにピッタリと寄り添った絶妙な伴奏を行なっており、何とも素晴らしいのだ。

このＣＤには、「鱒」・「春に」・「水の上で歌う」・「魔王」などの名曲が入っている。その中でも特に「春に」が絶品だと思う。この歌は「花が咲き鳥が歌う春の丘で、今は亡き恋人の思い出を歌う曲」である。ボストリッジとドレイクは、歌詞の内容に沿って表情やニュアンスを絶妙に変えながら演奏しているところが素晴らしい。さらに、ボストリッジの爽やかで繊細でニュアンス豊かな歌唱がことのほか素晴らしく、聴いていて、まさに惚れ惚れとしてしまう。

なお、ボストリッジの「水の上で歌う」の素晴らしさについては、前著の二三一―二三二頁に書いたので、ご参照いただけると幸いである。

シューベルト「幸福」他　アメリンク（ソプラノ）／ボールドウィン（ピアノ）（録音年代不詳　SERAPHIM　TOCE-8956）

シューベルト「幸福」他　ボストリッジ（テノール）／ドレイク（ピアノ）（1996年　EMI　TOCE-9874）

恍惚と聴き惚れてしまう少女たちの美しい歌声

――フォーレ「ラシーヌ讃歌」

つまみ食いCD

フォーレ「ラシーヌ讃歌」他〈ガブリエル・フォーレ合唱団〉

「ラシーヌ讃歌」(Cantique de Jean Racine) は、フォーレが二十歳の時に作曲した、実に美しい宗教曲。

私が初めてガブリエル・フォーレ合唱団による演奏を聴いたとき、こんなに純粋で美しい歌声があったのか！　と驚いた記憶がある。そして闘病生活の中で再び聴いてみて、その感想は全く変わらなかった。人間の声で、こんなにも純粋で美しく、しかも艶やかで、聴いていて恍惚と聴き惚れてしまう歌声があったのだ。気分が晴れない日々が続くなか、この演奏を聴いて、どんなに心が洗われ、気分が晴れ晴れとしたことだろう。

なお、ＬＰの表記では、ガブリエル・フォーレ合唱団を少年合唱団と表記しているが、この艶やかで官能的とすら感じる歌声は、少年合唱団ではなく、少女合唱団ではないか、と感じている。実際ネットで、あるLPの写真を見つけたところ、少女たちの顔写真が写っていたのだった。

このCDには、ラシーヌ讃歌の他に、フォーレの宗教曲の小曲などが入っている。その中でも「マーリア・マテール・グラティエ」「タントゥム・エルゴ」がとても愛らしい佳曲で、彼女たちの透明で美しい歌声に、まさに夢見心地となってしまう。

フォーレ「ラシーヌ讃歌」他　ガブリエル・フォーレ合唱団（録音年代不詳　VOX　ACD 8214）

小学生の頃に歌った懐かしい歌

——文部省唱歌などの日本の歌

つまみ食いCD

「日本のうた」（鮫島有美子（ソプラノ）／ヘルムート・ドイチュ（ピアノ））
「おぼろ月夜」（鮫島有美子（ソプラノ）／ヘルムート・ドイチュ（ピアノ））
「文部省唱歌集　故郷」（藍川由美（ソプラノ）／花岡千春（ピアノ）・高須亜紀子（ピアノ））

「はじめに」でも触れたように、私は闘病生活を続けるなか、気分転換と元気回復を兼ねて、近所の小さな合唱団に入り、様々な日本の歌を歌っている。平均年齢八十歳前後ながら元気一杯の人たちに交じって大声で歌うことは、気分が爽快になるし、何よりも生きる希望と張り合いを与えてくれる。そして、演奏会が五月（二〇二四年）にあった。私の実力で演奏会の舞台に立つには、かなり練習をしなければないことが分かり、演奏会が近づくにつれて、楽譜と睨めっこし、携帯に入っているアプリのピアノの音を聴いて、一人で練習する日々が続いた。

その合唱団で歌っている日本の歌は、たとえば、文部省唱歌（紅葉、牧場の朝、冬景色など）や、いずみたく作曲のデューク・エイセスの歌（紺がすり、みすずかる、女ひとりなど）、そして團伊玖磨作曲の「筑後川」などである。こうして日本の歌の数々に接しているうちに、私はそれらの歌の歌詞やメロディーの素晴らしさの虜になってしまった。「身近にこんなにも美しい、心の琴線に触れる歌があったのか」と驚くと共に、「それらの歌を長い間聴かずじまいだったのは、日本人として何と恥ずかしいことだろう」と思ったのである。

そこで、手元にある日本の歌のCDをいろいろ聴き直してみたところ、鮫島有美子（ソプラノ）と藍川由美（ソプラノ）によるCDの素晴らしさを、あらためて再認識したのである。

㈠日本のうた　鮫島有美子（ソプラノ）／ヘルムート・ドイチュ（ピアノ）

㈡おぼろ月夜　鮫島有美子（ソプラノ）／ヘルムート・ドイチュ（ピアノ）

鮫島有美子は、明るく伸びやかな美しい声で、とても素直に歌っており、原曲の美しさをしみじみと味わうことができるところが素晴らしいと思う。また、彼女の日本語の発音がかなり分かりやすく聴きやすいことも好感が持てる。というのも、日本人の声楽家が日本の歌曲を歌う時、独特の発声法により、日本語の発音がはっきりしないケースが多いからだ。

さらにこの二つのCDでは、ヘルムート・ドイチュのピアノが実に秀逸なことも記しておきたい。何と繊細で慎ましやかで美しい音だろう！　歌手にピッタリ寄り添いながら、特別な自己主張はせずに、原曲の美しさをしみじみと表現しているところが素晴らしいのである。私は、美しいメロディーの曲を伴奏する時は、ピアノだけのほうが、オーケストラ伴奏よりも良いと考えている。というのも、ピアノ伴奏のほうが原曲のメロディーの美しさ、素晴らしさをよりストレートに味わうことができる、と考えているからだ。鮫島有美子の日本の歌のCDはかなりの枚数が出ているが、私がドイチュの伴奏の二枚を選んだのは、こうした理由があるからだ。

CDに入っているたくさんの曲の中では、明るくのびのびと歌われる「早春賦」・「花」・「花の街」、しみじみと情感を込めて歌われる「赤とんぼ」・「椰子の実」・「夏の思い出」・「霧と話した」・「朧月夜」・「ペチカ」・「里の秋」、流れるようにのびやかに歌われる「浜辺の歌」、コミカルに歌われる「待ちぼうけ」と「あわて床屋」が素晴らしいと思った。

さらにその中でも特に素晴らしいと思ったのが、「浜辺の歌」・「椰子の実」・「朧月夜」・「夏の思い出」・「霧と話した」・「花の街」の六曲である。歌やピアノの素晴らしさもさることながら、「浜辺の歌」・「椰子の実」「朧月夜」の三曲は、日本の歌曲を超えたスケールの大きさが感じられ、本当に素晴らしいと思うからだ。また、中田喜直の「夏の思い出」と「霧と話した」の、しみじみと心に滲みいる美しい旋律や、「花の街」の大らかで美しい旋律も格別の素晴らしさだと思う。これら六曲は、日本歌曲を代表する名曲中の名曲ではないか、と思う。

㈢文部省唱歌集　故郷　藍川由美（ソプラノ）／花岡千春（ピアノ）・高須亜紀子（ピアノ）

藍川由美のソプラノは、とても美しく、高音がどこまでも伸びているところが素晴らしいと思う。さらに、このCDは、オリジナルの歌詞やピアノ伴奏に徹底的にこだわっているところが、他のCDと全く異なる特徴だと思う。したがって、ピアノの前奏なしでいきなり歌われる曲が多いし、削除された歌詞もすべて復活して歌われている。CD冒頭の「夏は来ぬ」が、前奏なしですぐに歌われ、また一番と二番の歌詞の間にピアノ伴奏が入らないことにビックリされる方も多いだろう。しかしながら、当初はこのように歌われていたことになる。

このように、このCDは学術的な側面を持っており、歌い方に関しても「もう少し情感を込めて歌ってもよいのでは……」と感じられなくもない。しかしながら、「夏は来ぬ」・「春の小川」・「朧月夜」・「故郷」は素直にしみじみと歌われており、あらためてこれらの曲の素晴らしさを感じることができる演奏だと思う。

なお、私は「朧月夜」には特別な思いがあるので、ここに記しておきたい。私は、長野県飯山市の「菜の花畑」が大好きで、春には必ず訪れて、広大な敷地に満開に咲く菜の花を楽しむことにしている。そして、この周辺の山や川や花々が織りなすのどかな風景は、まさに「日本の原風景」を思わせる素晴らしいもので、いつも心が洗われて、大らかな気分になるのだ。

「朧月夜」は、飯山近郊（長野県中野市）出身の高野辰之氏の作詞で、高野氏が、こののどかな風景を思い浮かべながら作詞をしたのだろうと想像すると、この曲がとても身近に感じられるのである。

高野氏が作詞した歌として、「朧月夜」の他に「春が来た」・「紅葉」・「春の小川」・「故郷」を挙げることができる。いずれも日本の懐かしくも美しい風景を題材としたものである。それぞれのメロディーも心にしみじみと響いてくるもので、まさに文部省唱歌を代表する名曲ばかりと言えるだろう。

最近の小学校では、これらの曲を歌う機会が少なくなってきているようだ。実に寂しいことだと思う。小さい時期にこそ、日本の美しい歌の数々を口ずさんで、その素晴らしさを体感することが必要だと思うのだが、それは昭和世代のおじさんの戯言なのだろうか？

「日本のうた」鮫島有美子（ソプラノ）／ヘルムート・ドイチュ（ピアノ）（1984年　DENON COCO-6806）

「おぼろ月夜」鮫島有美子（ソプラノ）／ヘルムート・ドイチュ（ピアノ）（1985年　DENON COCO-6808）

「文部省唱歌集　故郷」藍川由美（ソプラノ）／花岡千春（ピアノ）・高須亜紀子（ピアノ）（録音1995〜96年　CAMERATA CMCD 20062）

北欧の清涼で爽やかな風を感じさせる美しい旋律
――シベリウス「アンダンテ・フェスティーヴォ」

つまみ食いCD
シベリウス「アンダンテ・フェスティーヴォ」他（ヴァンスカ指揮／ラハティ交響楽団）

「アンダンテ・フェスティーヴォ」（祝祭アンダンテ）は、シベリウスが、ある工場の式典用に書いた弦楽四重奏曲を、後に弦楽合奏用に編曲したもの。五分前後の短い曲で、荘重な雰囲気を持ちながら、北欧の清涼で爽やかな風を感じさせる、実に美しい曲である。

私がこの曲を初めて聴いたのは、香港駐在時代、知人が属するアマチュア・オーケストラの演奏会で、アンコールで演奏されたのを聴いた時だ。シベリウスに、こんなにも美しくて清らかな旋律の曲があったのか、と驚き、感動しながら聴いた記憶がある。それにしても、アンコールにこの曲を持ってくるとは、アマチュアの指揮者ながら、その鑑識眼の高さにも驚いたものだった。

私は、闘病中にあらためてこの曲を聴いて、その清涼感溢れる美しい響きにどんなに気持ちが晴れ晴れとしたことだろう。まさに一服の清涼剤のような曲なのだ。

CDは、ヴァンスカ指揮／ラハティ交響楽団が素晴らしい。まさに、北欧のオーケストラにしか出せない、透明で清らかな、ひんやりとする北欧の空気を感じさせる弦の響きを、こころゆくまで堪能できる。

シベリウス「アンダンテ・フェスティーヴォ」他　ヴァンスカ（指揮）／ラハティ交響楽団（2003年　BIS　BIS-1265）

単純明快な楽しさ——ダグ・ヴィレーン「弦楽のためのセレナード」

つまみ食いCD

モンゴメリー指揮／ボーンマス交響楽団

スウェーデンの作曲家ダグ・ヴィレーン（一九〇五—一九八六年）が作曲した「弦楽のためのセレナード」。この曲は、各作曲家のセレナードばかりを集めたCD「SERENADES」の中に何気なく入っていたもので、最初に聴いたとき、その楽しさに驚いてしまった記憶がある（特に第四楽章「行進曲」）。

四つの楽章とも聴きやすくて楽しい曲であるが、この第四楽章「行進曲」の単純明快な楽しさはまさに格別だ。ふさぎ込んだ気分を爽快にするのにもってこいの曲だと思う。もっと演奏されて然るべき名曲だと思う。

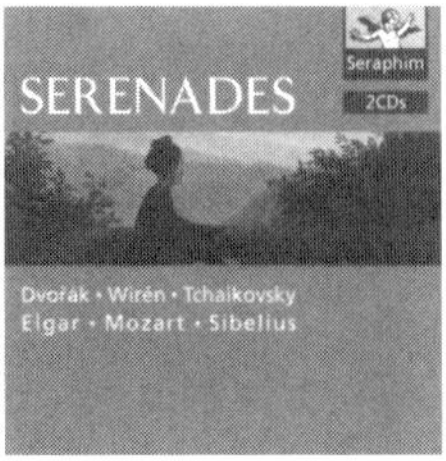

ダグ・ヴィレーン「弦楽のためのセレナード」他　モンゴメリー（指揮）／ボーンマス交響楽団（録音年不詳　Seraphim　7243 5 69110 2 4）

クラシックとジャズの楽しい融合

――クロード・ボラン「フルートとピアノのための組曲」第一番

つまみ食いCD
中川昌巳（フルート）他

フランスのジャズ・ピアニスト、クロード・ボラン（ボリングとする表記もある）（一九三〇―二〇二〇年）が作曲した、「フルートとピアノのための組曲」第一番。

七曲からなるこの曲は、家内があるフルーティストと一緒に演奏会を開いた時に演奏したもので、この世にクラシック音楽とジャスが見事に融合した、楽しくてとても美しい曲があることを知って驚いた記憶がある。今回、闘病中の気分転換として久しぶりに聴いて、その素晴らしさにあらためて気づき、ここに採り上げた次第である。

この曲には、作曲者自身のピアノと、往年の名フルーティスト・ランパルによる貴重な録音もあるが、私は中川昌巳のＣＤばかりを取り上げて聴いている。それは、中川氏のフルートが、とても美しい音で、テクニックも優れているばかりでなく、曲想に沿って素直に吹いており、この曲の持つ美しさ、楽しさを見事に表現していると思うからだ。

最初の「バロック・アンド・ブルー」では、冒頭はバロック風の旋律がフルートによって演奏されるが、それに続くピアノはいきなりジャズの世界に入っていく。そのコントラストが実に楽しいのだ。そして、第二曲の「センチメンタル」は、この世にこんなに美しい旋律があるとは！と驚いてしまうほど美しい曲だ。私は心がとろけてしまいそうに恍惚となって聴き惚れてしまうのだ。フルートの名曲中の名曲として、もっと聴いてもらいたいと思う。第三曲の「ジャワ風」は、ジャズのノリの曲で、聴いていてとても楽しいし、第五曲の「アイルランド風」は、アイルランド民謡を思わせるしみじみと美しい曲である。最後の「ヴェロス」は、まさにジャズの世界そのものでとても速い曲だ。いずれにしても、クラシック音楽とジャズの見事な融合であり、もっと聴かれてしかるべき名曲だと思う。

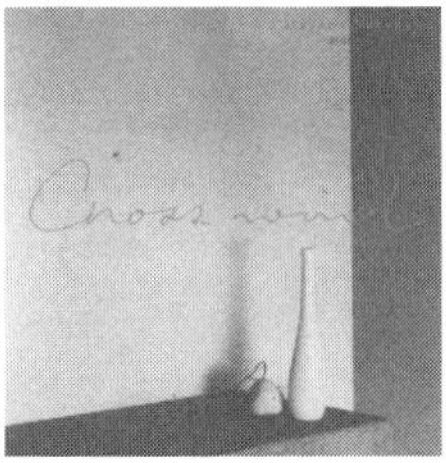

ボラン「フルートとピアノのための組曲第1番」 中川昌巳(フルート)他(1993年 Victor VICJ-175)

病気を克服する勝利宣言——フランク「交響曲 ニ短調」

つまみ食いCD

ポール・シュトラウス指揮／リエージュ管弦楽団
アンチェル指揮／アムステルダム・コンセルトヘボウ管弦楽団
パレー指揮／デトロイト交響楽団

フランクの「交響曲 ニ短調」は、最近演奏会で聴く機会が減ってきたと感じている。CD録音も少なくなってきているようだ。実際、NHK交響楽団主席指揮者のファビオ・ルイージが、二〇二三年五月の定期演奏会での解説で、そのような趣旨の発言をしていた。

私は青春時代の多感な頃、メンゲルベルク、フルトヴェングラー、ビーチャム、モントゥー、クレンペラーなどの巨匠たちの演奏を、まさに胸を熱くして聴いた記憶がある。

こんな名曲がなぜ演奏されなくなってきたのだろうか？　おそらく、全編が短調で、同じ旋律が何度も繰り返される「循環形式」であることが、「鬱々とした気分がずっと続き、聴いていて気持ちが暗くなってくる」との印象を与えてしまうのだろう、と推察している。

演奏は、先に挙げた巨匠たちの演奏ももちろん素晴らしいのだが（ただし、この曲の暗さや深刻さをより強調する演奏が多いと感じているが）、闘病生活を続けている私にとって、今最も私の心を捉えているのは、次に挙げる三つの演奏である。

㈠ポール・シュトラウス指揮／リエージュ管弦楽団

ポール・シュトラウスの演奏は、この曲の普遍性を最もよく表した、隠れた名演だと思う。フランク出身地であるベルギーの古都リエージュのオーケストラが、作曲者への敬愛を込めて、優しく、そして時には壮麗に歌い上げており、全体として明るくとても美しい演奏となっている。「フランクの交響曲はこんなに美しい旋律に溢れていたんだ」と感じさせる演奏だ。特に第二楽章は、少し早めのテンポでコールアングレ（オーボエによく似ているが、オーボエより五度低い管楽器）に朗々と吹かせており、それに寄り添う弦楽器も、心を込めた実に美しい音を奏でている。第二楽章全体が、まさにため息のでるような瑞々しい響きの連続で、そこには暗さや深刻さはほとんど感じられないのである。ポール・シュトラウスはほとんど話題にも上らない指揮者だが、なかなかの実力者だと思った。

このような演奏ばかりであれば、フランクの交響曲はもっと多くの人に聴かれ続けていたはずだ、と思った。この曲を好きになっていただくために、真っ先にお勧めしたいと思う。

㈡アンチェル指揮／アムステルダム・コンセルトヘボウ管弦楽団

アンチェルの演奏は、ライヴということもあって、この指揮者としては珍しく情熱的で高揚感溢れる演奏となっている。普段の彼なら、冷静でよく整理された、見通しの良い演奏となるはずだが、ここでは、オーケストラを思い切りドライヴし、時にはバランスを崩してでも前に突き進む感情の高揚を感じさせるのだ。特に第三楽章にその特徴が顕著に現れている。

長期にわたる闘病生活を続けている私にとって、アンチェルの第三楽章は、苦しみにのたうちまわり、最後に「苦々しい勝利宣言」をあげているかのように聴こえる。

㈢パレー指揮／デトロイト交響楽団

パレーの演奏は、全体として一直線に突き進んで行く演奏である。そこには鬱々とした陰鬱さなど微塵も感じられない。特に第三楽章は、ピカピカの大型戦車が戦場を突き進んでいき、最後には「高らかに勝利の雄叫び」をあげているように聴こえる。

私ががんを克服して生きながらえることができた時、私はアンチェルとパレーのどちらのほうに勝利宣言をあげることになるのだろうか。もちろん、パレーのように高らかに勝利の雄叫びをあげたいと思っているのだが、これまでの抗がん剤の副作用（食欲不振、倦怠感、脱毛、便秘、下痢、手足の痺れやむくみ、腹水など）の苦痛、鬱々とした行き場のない不安感、そして家内や周囲に迷惑をかけているとの罪悪感などを考えると、たとえ生きながらえたとしても、アンチェルのような「苦々しい勝利宣言」となるのではないか、と感じているのだ。

・フランク「交響曲ニ短調」

ポール・シュトラウス（指揮）／リエージュ管弦楽団（1981年　SPRL RICERCAR　RIS 009058/059）

アンチェル（指揮）／アムステルダム・コンセルトヘボウ管弦楽団（1970年　tahra KICC 1103）

パレー（指揮）／デトロイト交響楽団（1959年　mercury 434 368-2）

入院中に聴いた音楽（前著で採り上げたCD）

がん治療の最初は、八日間ほど入院して集中的に抗がん剤を打つことだった。入院中は、抗がん剤の点滴と時折回ってくる医師や看護師とのやり取り以外、何もすることがない。私はその退屈さに耐えきれなくなり、家内に頼んで、CDプレーヤーとCDを自宅から持ってきてもらうことにしたのだ。そこで聴いたCDは、独奏の演奏が多くなった。というのも、私のポータブルCDプレーヤーは中古の安物だったので、大編成のオーケストラを聴くには少々無理があったからだ。そこで、ピアノなどの独奏をよく聴くことになった。

入院は、前著を出版してまだ間もない時期だったので、前著で挙げた次の演奏をよく聴いた（括弧内は前著の頁数）。

㈠楊麗貞のショパン（一八〇—一八一頁）

特に「舟歌」「ノクターン作品55—2と62—1」「ワルツ　ホ短調　遺作」「アンダンテ・スピ

アナートと華麗なる大ポロネーズ」を聴いた。彼女の類い稀な歌心と、キラキラ光るような美しい音に思わず聴き惚れてしまった。楊さんの「猫のワルツ」の素晴らしさについては、本書「第三章　あらためて「こだわりの曲」の理想の演奏を求めて」の「猫を思い浮かべながら聴く曲」で触れたので、ご参照いただきたい。

(二)フライシャー「羊は安らかに草を食み」（一八一―一八二頁）

本当に澄み切った心境の人でしか出せない美しい音で、この音にどれほど心洗われ、励まされたことだろう。

(三)ケイティンのショパン「ノクターン27―2と62―1」と「ワルツ集」（一八三―一八四頁）

この人の清楚で飾り気のないショパンは、ジワジワと心に迫ってくる美しさだ。彼のショパンの「ワルツ集」の素晴らしさについては、本書「第三章　あらためて「こだわりの曲」の理想の演奏を求めて」の「猫を思い浮かべながら聴く曲」で触れたので、ご参照いただきたい。

㈣吉武雅子「愛の夢」と「アンダンテ・スピアナートと華麗なる大ポロネーズ」（一八五―一八六頁）

この人は自身が感じた心からの歌を奏でられる貴重なピアニストだと思う。

㈤崎元讓（ハーモニカ）「ありがとう（優しい時間）」（二二四―二二五頁）

この人の音はまさに絶品、そしてこの人の奏でるメロディーは、まさに心に直接響いてくる美しさだ。私は、二〇二三年三月に崎元氏とその仲間の人たちの実演を聴くことができたが、目の前で吹かれるハーモニカの音の何とニュアンス豊かで美しかったこと！　コンサートの後で、崎元さんと一緒に並んで撮っていただいた写真は、私の一生の宝物となっている。

㈥須川展也（サクソフォン）「浜辺の歌（Once Upon a Time）」（二二七―二二八頁）

ニュアンス豊かで繊細な表現に、ただただ聴き惚れてしまうのだ。

あとがき

原稿を書き終えて出版社に送り、今ホッとした気持ちと満足感で一杯である。一時は「余命一ヵ月」とまで言われた私が、何とか生きながらえて、続編を世に出すことが可能となったからだ。「続編を出すまでは死ぬに死ねない。絶対原稿を書き上げるのだ」という強い気持ちが、早く原稿を書き上げる原動力となったのである。

私はこの続編を、謝罪と感謝の意も込めて、まず愛する家内に捧げたいと思う。闘病中(今でも)、家内にはずいぶん迷惑をかけ続けてきたからだ。せっかく作ってくれた手料理を、食欲不振で全く手が付けられなかったり、病気や抗がん剤の副作用が思うように治らないイライラから、家内にずいぶん辛くあたったりした。また、病院の往復や気分転換の外出での運転手役を一手に引き受けてくれたり、私の体調に気を使いながら日々の買い物をしてくれたり、好きな旅行を我慢してくれたり、私の代わりに重い物を持ってくれたり、と本当に様々な気苦労をかけたと思う。それも高齢の母親の面倒をみたり、高校での授業を持ったりしながらの対応であり、時間のやりくりにずいぶん苦労したと思う。

それから、この続編を、愛猫のキララと寅次郎にも捧げたい。闘病中のふさぎ気味の私は、彼らの愛くるしいしぐさや表情によって、どれほど心が和み、生きる喜びを与えてくれたことだろう。私は彼らの写真を毎日のように撮り、それをFacebookなどにあげることが習慣となっていた。彼らのベストショットを撮るために、どれだけたくさんの写真を撮ったことか。そしてそれが、どれほど私に生きる力を授けてくれたことだろう。

また、職場の上司や所属員の方々にも感謝の意を表したい。白血球の数の低下で感染症にかかりやすい状況が続いたので、勤務はすべて在宅とさせていただいたのである。私は、勤務以外の時間のかなりの部分を（と言っても、病院での検査や診察、点滴などで一日つぶれたり、強い倦怠感で、長時間自宅のソファーに横たわったりする時間もあったが）、執筆活動に充てることができたのである。

もちろん、私の治療を担当していただいた医師・看護師、その他の方々にも感謝の意を表したい。

しかしながら、執筆活動は、遅々としてなかなか進まなかった。その理由は主に三つある。①病気の影響で長時間パソコンの前に座り続けることが難しかったこと、②前著で、書きたいと思ったことを書き尽くしてしまったので、新たに材料を探すのに時間がかかったこと、そして、③文章を書く前に、膨大な量のCDやDVDを視聴する必要があったこと、である。その意味で、続編を何とか書き上げることができたことに、私は大いに達成感を感じているのである。

ただ、今読み返してみると、闘病生活や小澤征爾さんに関する記述が多くなり、全体としてバランスが悪くなってしまったのかな、と感じている。また、前著と同様、自分が感じたまま、思ったままを書いたので、議論が感覚論に終始し、もう少し論理的でしっかりした文章を書けなかったのか、と反省している次第である。また、音楽を生業とする専門家の方々にとって、眉を顰《ひそ》めるようなことを書いてしまったかもしれない。しかしながら、音楽を専門に勉強したことのない素人としては、このような文章しか書けなかったのも事実であり、是非ご容赦いただければと思う。

最後に、この続編の執筆の機会を与えていただき、私の「早く出版に漕ぎつけて欲しい」という我儘な要求を真摯に受け止めていただき、細かい修正作業を迅速に行なっていただいた、アーツアンドクラフツの小島様に心から感謝の意を表したい。

この続編によって、読者の皆様がクラシック音楽をより身近に感じていただき、さらには一生の宝として楽しんでいただけるようになることを祈念して、私の終わりの言葉とさせていただきたい。

二〇二四年五月

常盤　隆

常盤 隆（ときわ・たかし）
1956年、東京生まれ。大学卒業後、大手金融機関に入り、国際部門およびリテール部門に従事し退職。小学校の頃よりクラシック音楽に親しみ、演奏会に通うとともにLPやCDの収集に励んだ。また、フランス留学や海外勤務（シカゴなど）の折は、クラシック音楽の演奏会に数多く親しんだ。一時期合唱団に入って宗教曲を歌ったり、プロの先生についてリコーダーを習ったりしたこともある。所有するCD・LPは3,000枚以上にのぼる（ただし、正確に数えたわけではなく、実態はよく分からない）。著書に『クラシック音楽の感動を求めて—つまみ食い的鑑賞法のすすめ』（2023年、アーツアンドクラフツ）がある。
2024年6月10日、永眠。

続《ぞく》 クラシック音楽《おんがく》の感動《かんどう》を求《もと》めて
私を励まし生きる力を与えてくれた音楽

2024年7月31日　第1版第1刷発行

著　者◆常盤《ときわ》　隆《たかし》
発行人◆小島　雄
発行所◆有限会社アーツアンドクラフツ
東京都千代田区神田神保町2-7-17
〒101-0051
TEL. 03-6272-5207　FAX. 03-6272-5208
http://www.webarts.co.jp/
印刷　シナノ書籍印刷株式会社

ISBN978-4-908028-97-7 C0073